陕西省机动车驾驶培训系列教材

机动车驾驶培训
实用教程

陕西省机动车驾驶员培训协会 审定
《机动车驾驶培训实用教程》编写组　编

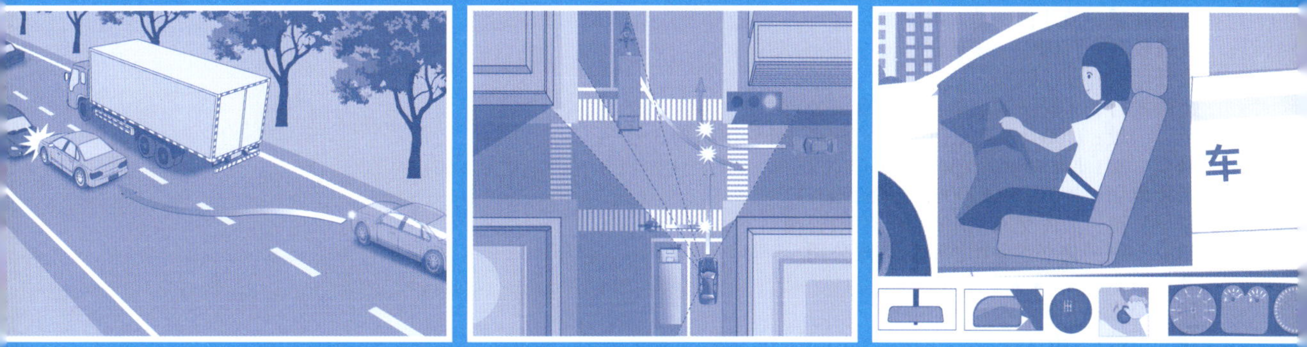

人民交通出版社股份有限公司
北京

内 容 提 要

本书根据《机动车驾驶培训教学与考试大纲》编写而成，涵盖了大纲规定的教学和考试内容，突出实用主题，可作为广大学员学习驾驶的参考用书。

图书在版编目（CIP）数据

机动车驾驶培训实用教程/《机动车驾驶培训实用教程》编写组编.—北京:人民交通出版社股份有限公司,2021.9

ISBN 978-7-114-17616-6

Ⅰ.①机… Ⅱ.①机… Ⅲ.①汽车驾驶员—技术培训—教材 Ⅳ.①U471.3

中国版本图书馆CIP数据核字(2021)第186239号

Jidongche Jiashi Peixun Shiyong Jiaocheng

书　　名：机动车驾驶培训实用教程
著 作 者：《机动车驾驶培训实用教程》编写组
责任编辑：范才彬　范　坤
责任校对：孙国靖　宋佳时
责任印制：张　凯
出版发行：人民交通出版社股份有限公司
地　　址：(100011) 北京市朝阳区安定门外外馆斜街 3 号
网　　址：http://www.ccpcl.com.cn
销售电话：（010）65290010，65290014
总 经 销：人民交通出版社股份有限公司
印　　刷：北京盛通印刷股份有限公司
开　　本：787 × 980　1/16
印　　张：9.75
字　　数：220 千
版　　次：2021 年 9 月　第 1 版
印　　次：2021 年 9 月　第 1 次印刷
书　　号：ISBN 978-7-114-17616-6
定　　价：98.00 元
（有印刷、装订质量问题的图书由本公司负责调换）

前　言

随着社会经济的快速发展和人们生活水平的不断提高，我国机动车保有量快速增长，机动车驾驶人数量也同步呈大幅增长趋势。截至2020年年底，全国机动车保有量达3.72亿辆，机动车驾驶人达4.56亿人，近3年机动车驾驶人数量年平均增量近2400万人，人们学习机动车驾驶的需求持续旺盛。驾驶技能直接关系千万学员的生命财产安全与家庭幸福，但目前我国的道路交通安全形势依然严峻，据公安部门权威数据统计，每年我国因道路交通事故死亡的人数有6万余人，而90%以上的交通事故与驾驶人有关，这与我国驾驶人法律意识淡薄、安全文明驾驶意识整体不高的现状密不可分，因此加强学员的驾驶理论培训至关重要。

为提升陕西省机动车驾驶培训质量，提高初学驾驶学员的法律意识和安全文明驾驶意识，帮助学员全面系统、准确、快速地掌握理论知识，陕西省机动车驾驶员培训协会委托人民交通出版社股份有限公司组织编写本书，并对本书进行审定。本书根据《机动车驾驶培训教学与考试大纲》（交运发〔2016〕128 号）编写而成，内容涵盖“第一部分　道路交通安全法律、法规及相关知识”（科目一）和“第四部分　安全文明驾驶常识”（科目三理论）的全部教学与考试内容。其中第一章、第二章为“科目一　道路交通安全法律、法规和相关知识”的内容，第三章至第七章为“科目三　安全文明驾驶知识”的内容。

编写组充分考虑学习效果，在书中相关知识点插入二维码，链接学习视频，便于学员学习理解；在重难点部分附有练习题和讲解，帮助学员通过练习的方式对重难点知识进行复习；根据考试要求，选取广大学员感觉比较难和错误率比较高的习题组织了一套科目一、科目三理论考试模拟试题，供学员模拟测试，同时随书附赠价值百元的数字资源课程，可通过扫描封底二维码进入学习。

全书本着针对性强、实用易学的原则，在章节安排上更加符合学员的学习习惯，在排版形式上也注重知识的有效传达，同时还提供了很多增值服务，希望这些能帮助学员轻松学习驾驶。

由于编者水平有限，本书存在疏漏之处在所难免，敬请广大读者提出宝贵意见和建议。

本书编写组

目 录

第一章
法律、法规及道路交通信号

道路交通安全法律、法规和道路交通信号，是驾驶人必须掌握的最基本内容。学习机动车驾驶，首先要掌握交通安全法律、法规和道路交通信号相关内容，树立法制意识，养成遵章守法的好习惯。

第一节　机动车驾驶证申领与使用

一 驾驶许可

驾驶机动车，应当依法取得机动车驾驶证。驾驶人应当按照驾驶证载明的准驾车型驾驶机动车；驾驶机动车时，应当随身携带机动车驾驶证。

机动车驾驶人在机动车驾驶证丢失、损毁、超过有效期或者被依法扣留、暂扣期间以及记分达到 12 分的，不得驾驶机动车。

二 驾驶证的准驾车型

准驾车型及代号详见下表。

准驾车型及代号

<table>
<tr><th>准驾车型</th><th>代号</th><th>准驾的车辆</th><th>准予驾驶的其他准驾车型</th></tr>
<tr><td>大型客车</td><td>A1</td><td>大型载客汽车</td><td>A3、B1、B2、C1、C2、C3、C4、M</td></tr>
<tr><td>牵引车</td><td>A2</td><td>重型、中型全挂、半挂汽车列车</td><td>B1、B2、C1、C2、C3、C4、M</td></tr>
<tr><td>城市公交车</td><td>A3</td><td>核载 10 人以上的城市公共汽车</td><td>C1、C2、C3、C4</td></tr>
<tr><td>中型客车</td><td>B1</td><td>中型载客汽车（含核载 10 人以上、19 人以下的城市公共汽车）</td><td rowspan="2">C1、C2、C3、C4、M</td></tr>
<tr><td>大型货车</td><td>B2</td><td>重型、中型载货汽车；重型、中型专项作业车</td></tr>
<tr><td>小型汽车</td><td>C1</td><td>小型、微型载客汽车以及轻型、微型载货汽车；轻型、微型专项作业车</td><td>C2、C3、C4</td></tr>
<tr><td>小型自动挡汽车</td><td>C2</td><td>小型、微型自动挡载客汽车以及轻型、微型自动挡载货汽车</td><td></td></tr>
<tr><td>低速载货汽车</td><td>C3</td><td>低速载货汽车</td><td>C4</td></tr>
<tr><td>三轮汽车</td><td>C4</td><td>三轮汽车</td><td></td></tr>
<tr><td>残疾人专用小型自动挡载客汽车</td><td>C5</td><td>残疾人专用小型、微型自动挡载客汽车（允许上肢、右下肢或者双下肢残疾人驾驶）</td><td></td></tr>
<tr><td>普通三轮摩托车</td><td>D</td><td>发动机排量大于 50 毫升或者最大设计车速大于每小时 50 公里的三轮摩托车</td><td>E、F</td></tr>
<tr><td>普通二轮摩托车</td><td>E</td><td>发动机排量大于 50 毫升或者最大设计车速大于每小时 50 公里的二轮摩托车</td><td>F</td></tr>
<tr><td>轻便摩托车</td><td>F</td><td>发动机排量小于等于 50 毫升，最大设计车速小于等于每小时 50 公里的摩托车</td><td></td></tr>
<tr><td>轮式自行机械车</td><td>M</td><td>轮式自行机械车</td><td></td></tr>
<tr><td>无轨电车</td><td>N</td><td>无轨电车</td><td></td></tr>
<tr><td>有轨电车</td><td>P</td><td>有轨电车</td><td></td></tr>
</table>

练习题

1. 准驾车型为小型自动挡汽车的，可以驾驶低速载货汽车。（×）

试题详解：小型自动挡汽车（C2）的准驾车辆为小型、微型自动挡载客汽车以及轻型、微型自动挡载货汽车。

2. 准驾车型为小型汽车的，可以驾驶下列哪种车辆？

A. 三轮摩托车　　B. 轮式自行机械

C. 低速载货汽车　　D. 中型客车

答案：C

试题详解：准驾车型为小型汽车的，可以驾驶小型、微型载客汽车以及轻型、微型载货汽车，轻型、微型专项作业车，小型、微型自动挡载客汽车以及轻型、微型自动挡载货汽车，低速载货汽车，三轮汽车。

提示：C1 准予驾驶 C2、C3、C4 准驾车型。

三 驾驶证有效期

机动车驾驶证有效期分为 6 年、10 年和长期。初次取得机动车驾驶证的，有效期为 6 年。

四 驾驶证申领

申请机动车驾驶证的人，应当符合下列规定：

① 年龄条件

（1）申请小型汽车（C1）、小型自动挡汽车（C2）、轻便摩托车准驾车型（F）的，在 18 周岁以上。

（2）申请低速载货汽车（C3）、三轮汽车（C4）、普通三轮摩托车（D）、残疾人专用小型自动挡载客汽车（C5）、普通二轮摩托车（E）或者轮式自行机械车（M）准驾车型的，在 18 周岁以上，60 周岁以下。

（3）申请城市公交车（A3）、无轨电车（N）或者有轨电车（P）准驾车型的，在 20 周岁以上，50 周岁以下。

（4）申请中型客车（B1）准驾车型的，在 21 周岁以上，60 周岁以下。

（5）申请牵引车（A2）准驾车型的，在 22 周岁以上，50 周岁以下。

（6）申请大型货车（B2）准驾车型的，在 20 周岁以上，60 周岁以下。

（7）申请大型客车（A1）准驾车型的，在 22 周岁以上，60 周岁以下。

（8）接受全日制驾驶职业教育的学生，申请大型客车、牵引车准驾车型的，在 20 周岁以上，50 周岁以下。

② 身体条件

（1）身高：申请大型客车、牵引车、城市公交车、大型货车、无轨电车准驾车型的，身高为 155 厘米以上。申请中型客车准驾车型的，身高为 150 厘米以上。

（2）视力：申请大型客车、牵引车、城市公交车、中型客车、大型货车、无轨电车或者有轨电车准驾车型的，两眼裸视力或者矫正视力达到对数视力表 5.0 以上。申请其他准驾车型的，两眼裸视力或者矫正视力达到对数视力表 4.9 以上。单眼视力障碍，优眼裸视力或者矫正视力达到对数视力表 5.0 以上，且水平视野达到 150 度的，可以申请小型汽车、小型自动挡汽车、低速载货汽车、三轮汽车、残疾人专用小型自动挡载客汽车准驾车型的机动车驾驶证。

（3）辨色力：无红绿色盲。

（4）听力：两耳分别距音叉 50 厘米能辨别声源方向。有听力障碍但佩戴助听设备能够达到以上条件的，可以申请小型汽车、小型自动挡汽车准驾车型的机动车驾驶证。

（5）上肢：双手拇指健全，每只手其他手指必须有三指健全，肢体和手指运动功能正常。但手指末节残缺或者左手有三指健全，且双手手掌完整的，可以申请小型汽车、小型自动挡汽车、低速载货汽车、三轮汽车准驾车型的机动车驾驶证。

（6）下肢：双下肢健全且运动功能正常，不等长度不得大于5厘米。但左下肢缺失或者丧失运动功能的，可以申请小型自动挡汽车准驾车型的机动车驾驶证。

（7）躯干、颈部：无运动功能障碍。

（8）右下肢、双下肢缺失或者丧失运动功能但能够自主坐立，且上肢符合本项第5目规定的，可以申请残疾人专用小型自动挡载客汽车准驾车型的机动车驾驶证。一只手掌缺失，另一只手拇指健全，其他手指有两指健全，上肢和手指运动功能正常，且下肢符合本项第6目规定的，可以申请残疾人专用小型自动挡载客汽车准驾车型的机动车驾驶证。

（9）70岁以上人员申请小型汽车、小型自动挡汽车、低速载货汽车准驾车型时身体条件要求：应进行记忆力、判断力、反应力等能力测试。

警示

隐瞒有关情况或者提供虚假材料申领机动车驾驶证的，申请人在一年内不得再次申领机动车驾驶证。

③ 初次申领驾驶证的车型

初次申领机动车驾驶证的，可以申请准驾车型为城市公交车（A3）、大型货车（B2）、小型汽车(C1）、小型自动挡汽车（C2）、低速载货汽车（C3）、三轮汽车（C4）、残疾人专用小型自动挡载客汽车（C5）、普通三轮摩托车（D）、普通二轮摩托车（E）、轻便摩托车（F）、轮式自行机械车（M）、无轨电车（N）、有轨电车（P）的机动车驾驶证。

练习题

1. 初次申领机动车驾驶证的，可以申请下列哪种准驾车型？

A. 普通三轮摩托车　　B. 牵引车

C. 大型客车　　D. 中型客车

答案： A

2. 在暂住地初次申领机动车驾驶证的，不能直接申领大型货车驾驶证。（×）

试题详解： 2016年公安部令第139号（以下简称“公安部139号令”）已经删除2012年的“公安部令第123号”中第十三条第二款关于“不能在暂住地初次申领大型货车驾驶证”的规定，取消了异地考驾照对客货车驾驶证的限制，客货车驾驶证也可以在暂住地申领，但是需要有当地的居住证或者暂住证。

④ 申请增加的准驾车型

可以申请增加的准驾车型为大型客车、牵引车、城市公交车、中型客车、大型货车、小型汽车、小型自动挡汽车、低速载货汽车、三轮汽车、普通三轮摩托车、普通二轮摩托车、轻便摩托车、轮式自行机械车、无轨电车、有轨电车。

五 驾驶人考试

① 驾驶考试内容

机动车驾驶人考试内容分为道路交通安全法律、法规和相关知识考试科目（以下简称“科目一”）、场地驾驶技能考试科目（以下简称“科目二”）、道路驾驶技能和安全文明驾驶常识考试科目（以下简称“科目三”）。

② 学习驾驶证明使用规定

申请人科目一考试合格后，车辆管理所在1日内核发学习驾驶证明，学习驾驶证明可以采用纸质或者电子形式。学习驾驶证明的有效期为3年。

在学习驾驶证明有效期内，科目二和科目三道路驾驶技能考试预约考试的次数不得超过5次。未在有效期内完成考试的和第5次预约考试仍不合格的，已考试合格的科目成绩作废。

③ 驾驶考试要求

申请人因故不能按照预约时间参加考试的，应当提前 1 日申请取消预约。对申请人未按照预约考试时间参加考试的，判定该次考试不合格。

申请人在考试过程中有贿赂、舞弊行为的，取消考试资格，已经通过考试的其他科目成绩无效；申请人在 1 年内不得再次申领机动车驾驶证。

六 驾驶证发证、实习期、换证、补证

① 发证

申请人考试合格后，应当接受不少于半小时的交通安全文明驾驶常识和交通事故案例警示教育，并参加领证宣誓仪式后，车辆管理所当日核发机动车驾驶证。属于申请增加准驾车型的，应当收回原机动车驾驶证。属于复员、转业、退伍的，应当收回军队、武装警察部队机动车驾驶证。

练习题

申请人以欺骗、贿赂等不正当手段取得机动车驾驶证的（被撤销的），申请人在多长时间内不得再次申领机动车驾驶证。

A. 1 年　　B. 2 年

C. 3 年　　D. 6 个月

答案：C

试题详解：公安部第 139 号令第八十八条规定申请人以欺骗、贿赂等不正当手段取得机动车驾驶证的，公安机关交通管理部门收缴机动车驾驶证，撤销机动车驾驶许可；申请人在 3 年内不得再次申领机动车驾驶证。

② 实习期

机动车驾驶人初次申领机动车驾驶证和增加准驾车型后的 12 个月为实习期新取得大型客车、牵引车、城市公交车、中型客车、大型货车驾驶证的，实习期结束后 30 日内应当参加道路交通安全法律法规、交通安全文明驾驶、应急处置等知识考试，并接受不少于半小时的交通事故案例警示教育。在实习期内驾驶机动车的，应当在车身后部粘贴或者悬挂统一式样的实习标志。

警示

驾驶机动车未按规定粘贴、悬挂实习标志的，由公安机关交通管理部门处 20 元以上 200 元以下罚款。

机动车驾驶人在实习期内不得驾驶公共汽车、营运客车或者执行任务的警车、消防车、救护车、工程救险车以及载有爆炸物品、易燃易爆化学物品、剧毒或者放射性等危险物品的机动车；驾驶的机动车不得牵引挂车。

驾驶人在实习期内驾驶机动车上高速公路行驶，应当由持相应或者更高准驾车型驾驶证 3 年以上的驾驶人陪同。

③ 换证

1）有效期满换证

机动车驾驶人在机动车驾驶证的 6 年有效期内，每个记分周期均未达到 12 分的，换发 10 年有效期的机动车驾驶证；在机动车驾驶证的 10 年有效期内，每个记分周期均未达到 12 分的，换发长期有效的机动车驾驶证。

机动车驾驶人应当于机动车驾驶证有效期满前 90 日内，向机动车驾驶证核发地或者核发地以外的车辆管理所申请换证。

练习题

驾驶人在驾驶证有效期满前多长时间申请换证?

A. 6 个月内　　B. 90 日内

C. 60 日内　　D. 30 日内

答案： B

试题详解： 公安部 139 号令第五十七条 机动车驾驶人应当于机动车驾驶证有效期满前 90 日内，向机动车驾驶证核发地或者核发地以外的车辆管理所申请换证。

2）转入换证

机动车驾驶人户籍迁出原车辆管理所管辖区的，应当向迁入地车辆管理所申请换证。机动车驾驶人在核发地车辆管理所管辖区以外居住的，可以向居住地车辆管理所申请换证。

练习题

驾驶人户籍迁出原车辆管理所需要向什么地方的车辆管理所提出申请?

A. 所在地　　B. 迁出地

C. 迁入地　　D. 居住地

答案： C

试题详解： 公安部 139 号令　第五十八条 机动车驾驶人户籍迁出原车辆管理所管辖区的，应当向迁入地车辆管理所申请换证。

3）降级换证

年龄在 60 周岁以上的，不得驾驶大型客车、牵引车、城市公交车、中型客车、大型货车、无轨电车和有轨电车；持有大型客车、牵引车、城市公交车、中型客车、大型货车驾驶证的，应当到机动车驾驶证核发地或者核发地以外的车辆管理所换领准驾车型为小型汽车或者小型自动挡汽车的机动车驾驶证。年龄在 70 周岁以上的，不得驾驶低速载货汽车、三轮汽车、普通三轮摩托车、普通二轮摩托车和轮式自行机械车；持有普通三轮摩托车、普通二轮摩托车驾驶证的，应当到机动车驾驶证核发地或者核发地以外的车辆管理所换领准驾车型为轻便摩托车的机动车驾驶证。申请时，应当填写申请表，并提交机动车驾驶人的身份证明、机动车驾驶证、县级或者部队团级以上医疗机构出具的有关身体条件的证明。此外，机动车驾驶人自愿降低准驾车型的，应当填写申请表，并提交机动车驾驶人的身份证明和机动车驾驶证。

4）变更换证

在车辆管理所管辖区域内，机动车驾驶证记载的机动车驾驶人信息发生变化的；机动车驾驶证损毁无法辨认的，机动车驾驶人应当在 30 日内到机动车驾驶证核发地或者核发地以外的车辆管理所申请换证。

④ 补证

机动车驾驶证遗失的，机动车驾驶人应当向机动车驾驶证核发地或者核发地以外的车辆管理所申请补发。

练习题

机动车驾驶人补领机动车驾驶证后，使用原机动车驾驶证驾驶的，除由公安机关交通管理部门收回原机动车驾驶证外，还应当受到何种处罚?

A. 罚款

B. 警告

C. 拘留驾驶人

D. 吊销驾驶证

答案： A

试题详解： 机动车驾驶人补领机动车驾驶证后，继续使用原机动车驾驶证的，公安机关交通管理部门可处 20 元以上 200 元以下罚款。

警示

机动车驾驶人补领机动车驾驶证后，继续使用原机动车驾驶证的，由公安机关交通管理部门处 20 元以上 200 元以下罚款。

警示

机动车驾驶证被依法扣押、扣留或者暂扣期间，采用隐瞒、欺骗手段补领机动车驾驶证的，由公安机关交通管理部门收回机动车驾驶证，并处 20 元以上 200 元以下罚款。

七 违法记分制度

公安交通管理部门对机动车驾驶人的交通违法行为除依法给予行政处罚外，还实行累积记分制度。道路交通安全违法行为记分周期为 12 个月，从机动车驾驶证初次领取之日起计算，满分为 12 分。一次有两个以上违法行为记分的，分别计算，累加分值。

一个记分周期内记分未达到 12 分，所处罚款已经缴纳的，记分予以清除；记分虽未达到 12 分，但尚有罚款未缴纳的，记分转入下一个记分周期。机动车驾驶人在一个记分周期内累积记分达到 12 分的，公安机关交通管理部门依法扣留其机动车驾驶证。

机动车驾驶人在一个记分周期内累积记分达到 12 分的，在 15 日内到驾驶证核发地或者违法行为地公安机关交通管理部门参加为期 7 日的道路交通安全法律、法规和相关知识学习并重新考试。考试合格后，记分予以清除，发还机动车驾驶证；考试不合格，继续参加学习和考试。拒不参加学习也不接受考试的，公安机关交通管理部门将公告其机动车驾驶证停止使用。

驾驶人在一个记分周期内有两次以上达到 12 分或者累积记分达到 24 分以上时，车辆管理所在驾驶人道路交通安全法律、法规和相关知识考试合格后 10 日内，按照驾驶证载明的最高准驾车型对其进行道路驾驶技能考试。

道路交通安全违法行为记分分值

记分分值	记分项目
12 分	驾驶与准驾车型不符的机动车的； 饮酒后驾驶机动车的； 驾驶营运客车（不包括公共汽车）、校车载人超过核定人数 20% 以上的； 造成交通事故后逃逸，尚不构成犯罪的； 上道路行驶的机动车未悬挂机动车号牌的，或者故意遮挡、污损、不按规定安装机动车号牌的； 使用伪造、变造的机动车号牌、行驶证、驾驶证、校车标牌或者使用其他机动车号牌、行驶证的； 驾驶机动车在高速公路上倒车、逆行、穿越中央分隔带掉头的； 驾驶营运客车在高速公路车道内停车的； 驾驶中型以上载客载货汽车、校车、危险物品运输车辆在高速公路、城市快速路上行驶超过规定时速 20% 以上或者在高速公路、城市快速路以外的道路上行驶超过规定时速 50% 以上，以及驾驶其他机动车行驶超过规定时速 50% 以上的； 连续驾驶中型以上载客汽车、危险物品运输车辆超过 4 小时未停车休息或者停车休息时间少于 20 分钟的； 未取得校车驾驶资格驾驶校车的
6 分	机动车驾驶证被暂扣期间驾驶机动车的； 驾驶机动车违反道路交通信号灯通行的； 驾驶营运客车（不包括公共汽车）、校车载人超过核定人数未达 20% 的，或者驾驶其他载客汽车载人超过核定人数 20% 以上的； 驾驶中型以上载客载货汽车、校车、危险物品运输车辆在高速公路、城市快速路上行驶超过规定时速未达 20% 的；

续上表

记分分值	记分项目
6分	驾驶中型以上载客载货汽车、校车、危险物品运输车辆在高速公路、城市快速路以外的道路上行驶或者驾驶其他机动车行驶超过规定时速20%以上未达到50%的； 驾驶货车载物超过核定载质量30%以上或者违反规定载客的； 驾驶营运客车以外的机动车在高速公路车道内停车的； 驾驶机动车在高速公路或者城市快速路上违法占用应急车道行驶的； 低能见度气象条件下，驾驶机动车在高速公路上不按规定行驶的； 驾驶机动车运载超限的不可解体的物品，未按指定的时间、路线、速度行驶或者未悬挂明显标志的； 驾驶机动车载运爆炸物品、易燃易爆化学物品以及剧毒、放射性等危险物品，未按指定的时间、路线、速度行驶或者未悬挂警示标志并采取必要的安全措施的； 以隐瞒、欺骗手段补领机动车驾驶证的； 连续驾驶中型以上载客汽车、危险物品运输车辆以外的机动车超过4小时未停车休息或者停车休息时间少于20分钟的； 驾驶机动车不按照规定避让校车的
3分	驾驶营运客车（不包括公共汽车）、校车以外的载客汽车载人超过核定人数未达20%的； 驾驶中型以上载客载货汽车、危险物品运输车辆在高速公路、城市快速路以外的道路上行驶或者驾驶其他机动车行驶超过规定时速未达20%的； 驾驶货车载物超过核定载质量未达30%的； 驾驶机动车在高速公路上行驶低于规定最低时速的； 驾驶禁止驶入高速公路的机动车驶入高速公路的； 驾驶机动车在高速公路或者城市快速路上不按规定车道行驶的； 驾驶机动车行经人行横道，不按规定减速、停车、避让行人的； 驾驶机动车违反禁令标志、禁止标线指示的； 驾驶机动车不按规定超车、让行的，或者逆向行驶的； 驾驶机动车违反规定牵引挂车的； 在道路上车辆发生故障、事故停车后，不按规定使用灯光和设置警告标志的； 上道路行驶的机动车未按规定定期进行安全技术检验的
2分	驾驶机动车行经交叉路口不按规定行车或者停车的； 驾驶机动车有拨打、接听手持电话等妨碍安全驾驶的行为的； 驾驶二轮摩托车，不戴安全头盔的； 驾驶机动车在高速公路或者城市快速路上行驶时，驾驶人未按规定系安全带的； 驾驶机动车遇前方机动车停车排队或者缓慢行驶时，借道超车或者占用对面车道、穿插等候车辆的； 不按照规定为校车配备安全设备，或者不按照规定对校车进行安全维护的； 驾驶校车运载学生，不按照规定放置校车标牌、开启校车标志灯，或者不按照经审核确定的线路行驶的； 校车上下学生，不按照规定在校车停靠站点停靠的； 校车未运载学生上道路行驶，使用校车标牌、校车标志灯和停车指示标志的； 驾驶校车上道路行驶前，未对校车车况是否符合安全技术要求进行检查，或者驾驶存在安全隐患的校车上道路行驶的； 在校车载有学生时给车辆加油，或者在校车发动机熄灭前离开驾驶座位的
1分	驾驶机动车不按规定使用灯光的； 驾驶机动车不按规定会车的； 驾驶机动车载货长度、宽度、高度超过规定的； 上道路行驶的机动车未放置检验合格标志、保险标志，未随车携带行驶证、机动车驾驶证的

八 驾驶证注销

机动车驾驶人具有下列情形之一的，车辆管理所应当注销其机动车驾驶证：

（1）死亡的；

（2）提出注销申请的；

（3）丧失民事行为能力，监护人提出注销申请的；

（4）身体条件不适合驾驶机动车的；

（5）有器质性心脏病、癫痫病、美尼尔氏症、眩晕症、癔病、震颤麻痹、精神病、痴呆以及影响肢体活动的神经系统疾病等妨碍安全驾驶疾病的；

（6）被查获有吸食、注射毒品后驾驶机动车行为，正在执行社区戒毒、强制隔离戒毒、社区康复措施，或者长期服用依赖性精神药品成瘾尚未戒除的；

（7）超过机动车驾驶证有效期 1 年以上未换证的；

（8）年龄在 70 周岁以上，在 1 个记分周期结束后 1 年内未提交身体条件证明的；或者持有残疾人专用小型自动挡载客汽车准驾车型，在 3 个记分周期结束后 1 年内未提交身体条件证明的；

（9）年龄在 60 周岁以上，所持机动车驾驶证只具有无轨电车或者有轨电车准驾车型，或者年龄在 70 周岁以上，所持机动车驾驶证只具有低速载货汽车、三轮汽车、轮式自行机械车准驾车型的；

（10）机动车驾驶证依法被吊销或者驾驶许可依法被撤销的。

机动车驾驶人在实习期内发生道路交通安全违法行为被记满 12 分的，注销其实习的准驾车型驾驶资格。

持有大型客车、牵引车、城市公交车、中型客车、大型货车驾驶证的驾驶人有下列情形之一的，车辆管理所应当注销其最高准驾车型驾驶资格，并通知机动车驾驶人在 30 日内办理降级换证业务：

（1）发生交通事故造成人员死亡，承担同等以上责任，未构成犯罪的；

（2）在一个记分周期内有记满 12 分记录的；

（3）连续三个记分周期不参加审验的。机动车驾驶人在规定时间内未办理降级换证业务的，车辆管理所应当公告注销的准驾车型驾驶资格作废。

机动车驾驶人办理降级换证业务后，申请增加被注销的准驾车型的，应当在本记分周期和申请前最近一个记分周期没有记满 12 分记录，且没有发生造成人员死亡承担同等以上责任的交通事故。

警示

机动车驾驶人身体条件发生变化不适合驾驶机动车，仍驾驶机动车的，由公安机关交通管理部门收回机动车驾驶证，并处 200 元以上 500 元以下罚款。

九 驾驶证审验

1 需参加审验的情形

（1）机动车驾驶人换领机动车驾驶证时，应当接受公安机关交通管理部门的审验；

（2）持有大型客车、牵引车、城市公交车、中型客车、大型货车以外准驾车型驾驶证的驾驶人，发生交通事故造成人员死亡承担同等以上责任未被吊销机动车驾驶证的，应当在本记分周期结束后 30 日内到公安机关交通管理部门接受审验。审验时，驾驶人应当申报身体条件情况。

练习题

持小型汽车驾驶证的驾驶人在下列哪种情况下需要接受审验？

A. 有效期满换发驾驶证时

B. 记分周期满 12 分

C. 一个记分周期末

D. 记分周期未满分

答案： A

试题详解： 小型汽车、摩托车等车型驾驶人审验的情形有两种：

（1）发生交通事故造成人员死亡承担同等以上责任未被吊销驾驶证的，应当在记分周期结束后 30 日内到公安机关交通管理部门接受审验；

（2）驾驶证转到异地或者有效期满换证时，应当到公安机关交通管理部门接受审验。

需要提醒的是，驾驶人没有按照规定参加审验仍驾驶机动车的，公安机关交通管理部门将处 200 元以上 500 元以下罚款。

② 审验内容

机动车驾驶证审验内容包括：

（1）道路交通安全违法行为、交通事故处理情况；

（2）身体条件情况；

（3）道路交通安全违法行为记分及记满 12 分后参加学习和考试情况。

持有大型客车、牵引车、城市公交车、中型客车、大型货车驾驶证的驾驶人一个记分周期内有记分的，以及持有其他准驾车型驾驶证的驾驶人，发生交通事故造成人员死亡承担同等以上责任未被吊销机动车驾驶证的，审验时应当参加不少于 3 小时的道路交通安全法律、法规、交通安全文明驾驶、应急处置等知识学习，并接受交通事故案例警示教育。

对交通违法行为或者交通事故未处理完毕的、身体条件不符合驾驶许可条件的、未按照规定参加学习、教育和考试的，不予通过审验。

练习题

驾驶证审验内容不包括以下哪一项？

A. 身体条件情况

B. 道路交通安全违法行为、交通事故处理情况

C. 道路交通安全违法行为记分及记满 12 分后参加学习和考试情况

D. 机动车检验情况

答案： D

③ 审验地点

机动车驾驶人可以在机动车驾驶证核发地或者核发地以外的地方参加审验、提交身体条件证明。

警示

机动车驾驶人逾期不参加审验仍驾驶机动车的，处 200 元以上 500 元以下罚款。

提示

延期办理驾驶证期满换证、审验、提交身体条件证明

机动车驾驶人因服兵役、出国（境）等原因，无法在规定时间内办理驾驶证期满换证、审验、提交身体条件证明的，可以向机动车驾驶证核发车辆管理所申请延期办理。申请时应当填写申请表，并提交机动车驾驶人的身份证明、机动车驾驶证和延期事由证明。延期期限最长不超过3年。延期期间机动车驾驶人不得驾驶机动车。

十 驾驶人体检

年龄在 70 周岁以上的机动车驾驶人，应当每年进行一次身体检查，在记分周期结束后 30 日内，提交县级或者部队团级以上医疗机构出具的有关身体条件的证明。

练习题

1. 年龄在50周岁以上的机动车驾驶人，应当每年进行一次身体检查，并向公安机关交通管理部门申报身体条件情况。（×）

试题详解：2016年公安部令第139号规定：年龄在70周岁以上的机动车驾驶人，应当每年进行一次身体检查，在记分周期结束后的30日内，提交县级或者部队团级以上医疗机构出具的有关身体条件的证明，检查是否患有妨碍安全驾驶的疾病。

2. 以欺骗、贿赂等不正当手段取得驾驶证被依法撤销驾驶许可的，多长时间不得重新申请驾驶许可？

A. 3年内　　B. 终身

C. 5年内　　D. 1年内

答案：A

试题详解：公安部令第139号规定：申请人以欺骗、贿赂等不正当手段取得机动车驾驶证的，公安机关交通管理部门收缴机动车驾驶证，撤销机动车驾驶许可；申请人在3年内不得再次申领机动车驾驶证。

第二节　机动车登记与使用

一 机动车上路行驶条件

机动车经公安机关交通管理部门登记取得机动车号牌、行驶证后，方可上道路行驶。尚未登记的机动车，需要临时上道路行驶的，应当取得临时行驶车号牌。

未销售的机动车或通过购买、调拨、赠予等方式获得机动车后尚未注册登记的，需要临时上道路行驶的，机动车所有人应当向车辆管理所申领临时行驶车号牌。

驾驶机动车上道路行驶，应当悬挂机动车号牌，放置检验合格标志、保险标志，并随车携带机动车行驶证和机动车驾驶证。机动车号牌应当按照规定悬挂并保持清晰、完整，不得故意遮挡、污损。

二 机动车登记

1 注册登记

机动车所有人初次申领机动车号牌、行驶证的，应当到机动车安全技术检验机构对机动车进行安全技术检验，取得机动车安全技术检验合格证明后，向住所地的车辆管理所申请注册登记。

机动车达到国家规定的强制报废标准的不能办理注册登记。

2 变更登记

当出现下列任意一种情形时，机动车所有人应当向登记该机动车的公安机关交通管理部门申请变更登记：

（1）改变机动车车身颜色的；

（2）更换发动机的；

（3）更换车身或者车架的；

（4）因质量有问题，制造厂更换整车的；

（5）营运机动车改为非营运机动车或者非营运机动车改为营运机动车的；

（6）机动车所有人的住所迁出或者迁入公安机关交通管理部门管辖区域的。

机动车所有人的住所在公安机关交通管理部门管辖区域内迁移、机动车所有人的姓名（单位名称）或者联系方式变更的，应当向登记该机动车的公安机关交通管理部门备案。

机动车发动机号码、车辆识别代号因磨损、锈蚀、事故等原因辨认不清或者损坏的，可以向登记地车辆管理所申请备案。

有下列情形之一，在不影响安全和识别号牌的情况下，机动车所有人不需要办理变更登记：

（1）小型、微型载客汽车加装前后防撞装置；

（2）货运机动车加装防风罩、水箱、工具箱、备胎架等；

（3）增加机动车车内装饰。

③ 转移登记

已注册登记的机动车所有权发生转移时，现机动车所有人要自机动车交付之日起30日内向登记地车辆管理所申请转移登记。机动车所有人申请转移登记前，要将涉及该车的道路交通安全违法行为和交通事故处理完毕。

机动车达到国家规定的强制报废标准的，属于被盗抢的，在抵押登记、质押备案期间的或者被依法查封、扣押的，不予办理转移登记。

④ 抵押登记

机动车所有人将机动车作为抵押物抵押的，机动车所有人应当向登记该机动车的公安机关交通管理部门申请抵押登记。

⑤ 注销登记

机动车已达到国家强制报废标准、机动车灭失、机动车因故不在我国境内使用、因质量问题退车时，机动车所有人应当向登记地车辆管理所申请注销登记。

三 机动车安全技术检验

机动车除了在注册登记时需要进行安全技术检验外，在注册登记后也应定期进行安全技术检验。机动车从取得注册登记之日起，按照下列期限进行安全技术检验：

（1）载货汽车，大型、中型非营运载客汽车10年以内每年检验1次；超过10年的，每6个月检验1次；

（2）小型、微型非营运载客汽车6年以内每2年检验1次；超过6年的，每年检验1次；超过15年的，每6个月检验1次；

（3）营运载客汽车5年以内每年检验1次，超过5年的，每6个月检验1次；

（4）营运机动车在规定检验期内经安全技术检验合格的，不再重复进行安全技术检验。

四 机动车交通事故责任强制保险

机动车交通事故责任强制保险，是指由保险公司对被保险机动车发生道路交通事故造成本车人员、被保险人以外的受害人的人身伤亡、财产损失，在责任限额内予以赔偿的强制性责任保险。

机动车所有人或者管理人，应当依照规定投保机动车交通事故责任强制保险。被保险人应当在被保险机动车上放置保险标志。

对未参加机动车交通事故责任强制保险的机动车，机动车安全技术检验机构不予检验，机动车管理部门不予登记。

公安机关交通管理部门及其交通警察在调查处理道路交通安全违法行为和道路交通事故时，会依法检查机动车交通事故责任强制保险的保险标志。

当驾驶人未取得驾驶资格或者醉酒驾驶引发交通事故、被保险机动车被盗抢期间肇事或被保险人故意制造道路交通事故，造成受害人财产损失的，保险公司不承担赔偿责任。

练习题

1. 机动车登记证书、号牌、行驶证灭失、丢失或者损毁的，机动车所有人应当向居住地车辆管理所申请补领、换领。（×）

试题详解：登记证书、号牌、行驶证对车来说相当于车的身份证，需要在登记地补领、换领。

2. 机动车登记证书、号牌、行驶证灭失、丢失或者损毁的，机动车所有人应当向哪个部门申请补领、换领。

A. 住地交警支队车辆管理所
B. 当地公安局
C. 登记地车辆管理所
D. 驾驶证核发地车辆管理所

答案： C

试题详解： 登记证书、号牌、行驶证是车辆信息，申领的时候在登记地车辆管理所，补办的时候当然也在登记地车辆管理所。

第三节 道路交通信号

道路交通信号包括交通信号灯、交通标志、交通标线和交通警察指挥手势。

一 交通信号灯

指示机动车通行的交通信号灯按功能分类，包括机动车信号灯、车道信号灯、方向指示信号灯、闪光警告信号灯、道口信号灯、掉头信号灯。

交通信号灯

① 机动车信号灯

驾驶机动车在路口遇到绿色信号灯亮时，准许车辆通行，但转弯车辆不得妨碍被放行的直行车辆和行人通行。

黄色信号灯亮时，已越过停止线的车辆可以继续通行；没有越过停止线的车辆需停车等待，不得进入路口，更不得加速抢行通过交叉路口。

红色信号灯亮时，禁止车辆通行，车辆不得越过停止线；右转弯的车辆在不妨碍被放行的车辆、行人通行的情况下，可以通行。

② 车道信号灯

绿色箭头灯亮的车道，准许本车道车辆按箭头指示方向通行；红色叉形灯或者红色箭头灯亮时，禁止车辆进入；驾驶机动车要选择绿色箭头灯亮的车道行驶。

③ 方向指示信号灯

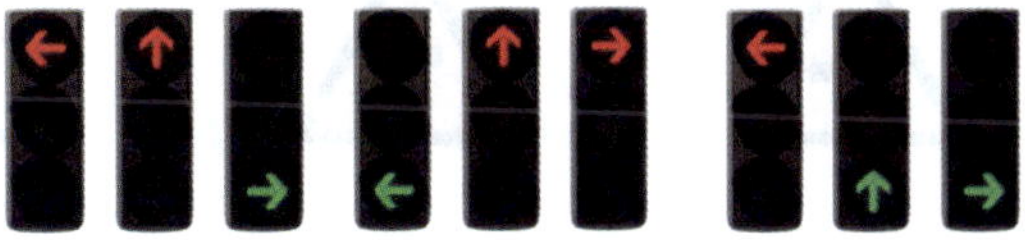

准许右转弯信号灯　准许左转弯信号灯　准许直行和右转弯信号灯

方向指示信号灯绿色箭头灯亮时，允许车辆按箭头指示方向，分别选择左转弯、直行、右转弯车道行驶。

④ 闪光警告信号灯

黄色闪光警告信号灯持续闪烁时，要减速注意瞭望，确认安全后通过。

⑤ 道口信号灯

铁路道口有两个红灯交替闪烁或者一个红

灯亮时，车辆、行人要停在道口停止线以外等候，不得加速通过道口；红灯熄灭时，允许车辆、行人通行。

⑥ 掉头信号灯

绿灯亮时，准许车辆掉头，但是掉头车辆不得妨碍正常行驶的其他车辆、行人通行。红灯亮时，禁止车辆掉头。

二 交通标志

交通标志包括警告标志、禁令标志、指示标志、指路标志、旅游区标志、作业区标志、告示标志和辅助标志 8 种。

① 警告标志

警告标志的作用是警告车辆驾驶人、行人前方有危险，道路使用者需谨慎通过。

交通标志

窄路
窄桥
易滑
注意行人
注意儿童
注意非机动车
注意残疾人
注意横风
注意牲畜
注意野生动物
隧道
隧道开车灯
注意信号灯
注意落石
傍山险路
村庄
堤坝路
渡口
过水路面（漫水桥）
慢行
慢
驼峰桥
路面不平
路面高突
路面低洼
施工
有人看守铁路道口
无人看守铁路道口
叉形符号
斜杠符号
50 米 100 米 150 米

注意障碍物			注意合流	

双向交通	注意潮汐车道	注意保持车距	注意分离式道路	

注意前方车辆排队	注意路面结冰	注意雨（雪）天	注意雾天	注意不利气象条件

建议速度	避险车道			

② 禁令标志

禁令标志的作用是禁止、限制及相应解除，道路使用者应严格遵守。

停车让行	减速让行	会车让行	禁止通行	禁止驶入

禁止停车	禁止长时间停车	停车检查	禁止机动车驶入	禁止载货汽车驶入

禁止电动三轮车驶入

禁止大型客车驶入

禁止小型客车驶入

禁止挂车、半挂车驶入

禁止拖拉机驶入

禁止三轮汽车、低速货车驶入

禁止摩托车驶入

禁止某两种车驶入

禁止非机动车进入

禁止畜力车进入

禁止人力客运三轮车进入

禁止人力货运三轮车进入

禁止人力车进入

禁止行人进入

禁止向左转弯

禁止向右转弯

禁止直行

禁止向左向右转弯

禁止直行和向左转弯

禁止直行和向右转弯

禁止掉头

禁止鸣喇叭

限制宽度

限制高度

限制质量

限制轴重

禁止超车

解除禁止超车

限制速度

解除限制速度

区域限制速度

区域限制速度解除

海关

禁止运输危险物品车辆驶入

③ 指示标志

指示标志的作用是指示车辆、行人按标志指示的路线、方向行驶。

非机动车车道

停车位

④ 指路标志

指路标志的作用是指引道路信息，为驾驶人传递道路方向、地点、距离等信息。

箭头杆上标识公路编号、道路名称的公路交叉路口预告

四车道及以上公路交叉路口预告

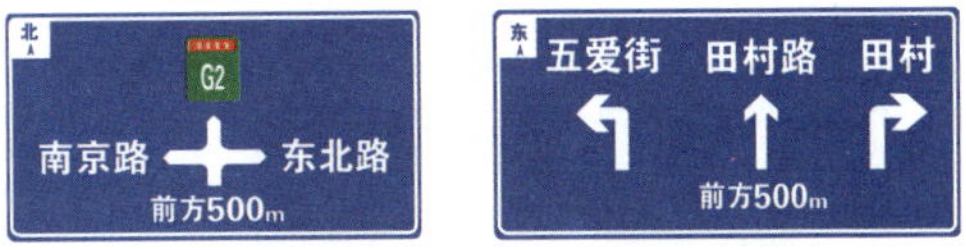

大交通量的四车道以上公路交叉路口预告

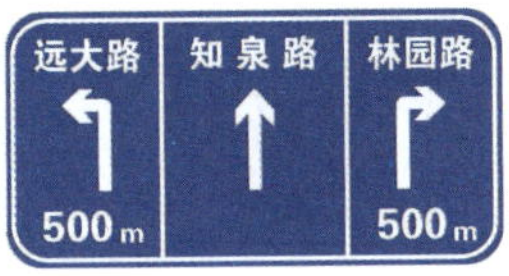

Y 形交叉路口

环形交叉路口

十字交叉路口

丁字交叉路口

互通式立体交叉

分岔处

地点距离

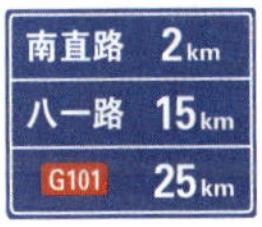

国道编号

省道编号

县道编号

乡道编号

街道名称

地点识别

路名牌

行政区划分界

道路管理分界

地名

著名地点

露天停车场

室内停车场

错车道

残疾人专用设施

人行天桥

人行地下通道

应急避难设施（场所）

观景台

休息区

绕行

此路不通

交通监控设备

车道数增加

车道数变少

隧道出口距离预告

线形诱导标

基本单元

组合使用

两侧通行

右侧通行

左侧通行

入口预告

地点、方向

编号

命名编号

地点距离

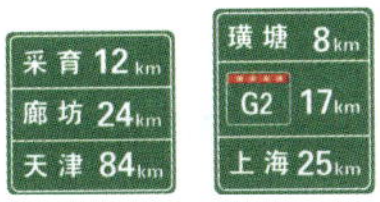

城市区域多个出口时的地点距离

路名

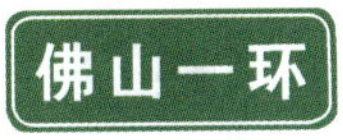

出口编号

下一出口预告

右侧出口预告

左侧出口预告

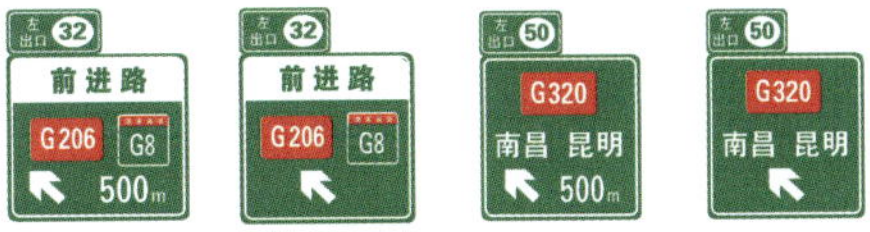

里程牌

百米牌

车距确认

出口标志及出口地点方向

高速公路起点

终点预告

终点提示

国家高速公路、省级高速公路终点

特殊天气建议速度

救援电话

紧急电话

电话位置指示

加油站

紧急停车带

道路交通信息

计重收费

停车领卡

ETC 车道指示

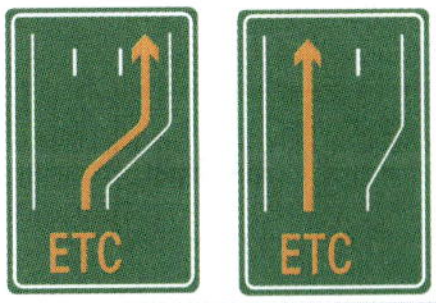

不设电子不停车收费（ETC）车道的收费站预告及收费站

设有电子不停车收费（ETC）车道的收费站预告及收费站

设置在指路标志版面中的方向

设置在指路标志版面外的方向

服务区预告

停车区预告

停车场预告

停车场

爬坡车道

超限检测站

⑤ 旅游区标志

旅游区标志的作用是方便旅游者识别通往旅游区的方向和距离，了解旅游项目的类别。

旅游区距离

旅游区方向

⑥ 作业区标志

作业区标志的作用是通告道路交通阻断、绕行等情况。

⑦ 告示标志

告示标志的作用是解释、指引道路设施、路外设施，或者告示有关道路法律、法规的内容。

地点告示

严禁酒后驾车

严禁乱扔弃物

驾驶时禁用手机

急弯减速

急弯下坡减速

大型车靠右

系安全带

校车停靠站点

⑧ 辅助标志

辅助标志附设在以上 7 种主标志下，对其进行辅助说明。

时间范围	行驶方向	除公共汽车外	机动车	货车
7:30-10:00 16:00-18:30	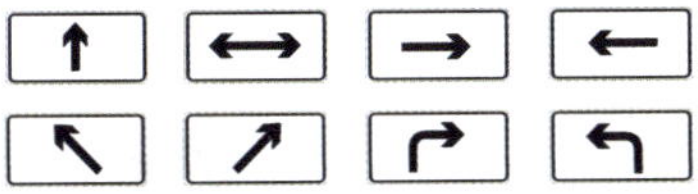	除公共 汽车外		
向前 200 米	**向左 100 米**	**向左、向右各 50 米**	**向右 100 米**	**某区域内**
200m↑	←100m	←50m | 50m→	100m→	二环路 区域内
距离某地 200 米	**长度**	**组合辅助**	**教练车行驶路线**	**驾驶考试路线**
200m	长度 5km		教练路线	考试路线
校车停靠站点	**学校**	**海关**	**事故**	**塌方**
校车停靠站点	学校	海关	事故	塌方

小知识 易混淆交通标志辨识

窄桥

注意落石

渡口

两侧变窄

傍山险路

过水路面（漫水桥）

	有人看守铁路道口		停车让行		禁止机动车驶入
	无人看守铁路道口		减速让行		禁止小型客车驶入
	禁止通行		禁止停车		禁止鸣喇叭
	禁止驶入		禁止长时停车		鸣喇叭
	机动车行驶		错车道		步行
	机动车车道		紧急停车带		人行横道
	非机动车行驶		环岛行驶		注意行人
	非机动车车道		环形交叉路口		注意儿童
	隧道		事故易发路段		左侧通行
	隧道开车灯		注意危险		右侧通行

Y 形交叉路口

注意合流

注意牲畜

注意野生动物

注意潮汐车道

注意保持车距

会车让行

会车先行

双向交通

限制速度
（最高限速）

最低限速

解除限制速度

直行

单行路（直行）

直行车道

驼峰桥

路面不平

路面高突

反向弯路

连续弯路

易滑

停车场预告

停车区预告

服务区预告

三 交通标线

交通标线按功能可分为指示标线、禁止标线和警告标线三类。

① 指示标线

指示标线的作用是为道路使用者指示车行道、行车方向、路面边缘、人行道、停车位、停靠站及减速丘等。

交通标线

可跨越对向车行道分界线（可跨越道路中心线）

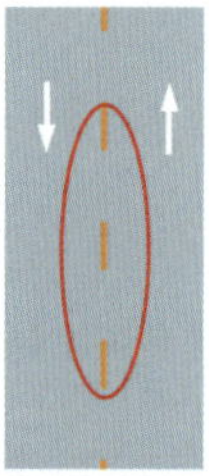

可跨越同向车行道分界线

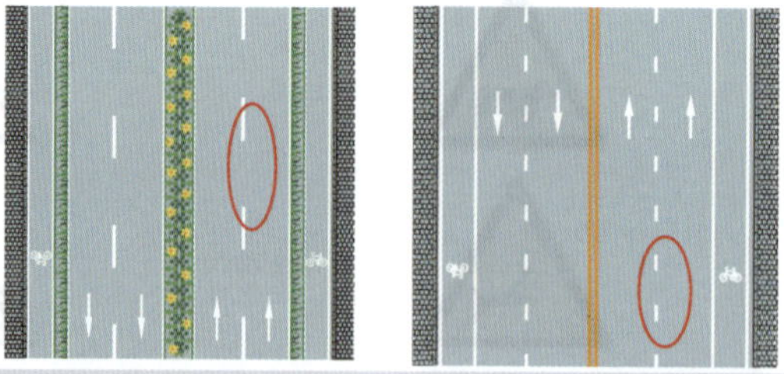

潮汐车道线

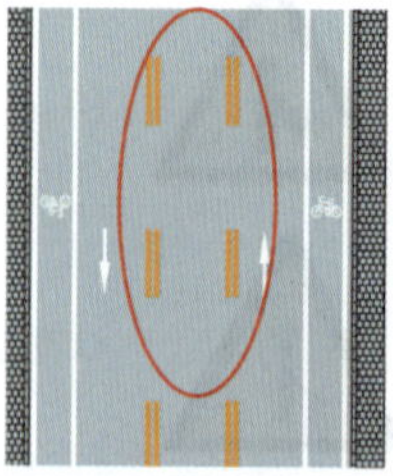

车行道边缘白色实线

车行道边缘白色虚线

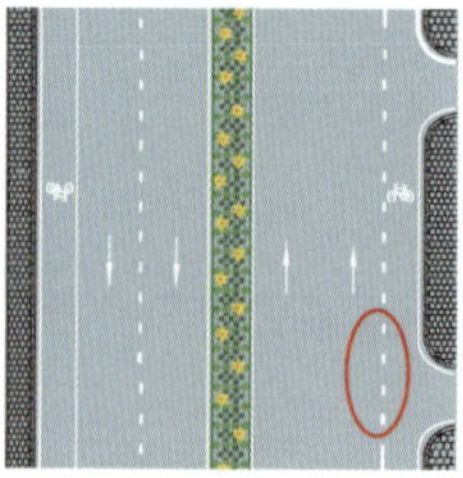

车行道边缘白色虚实线

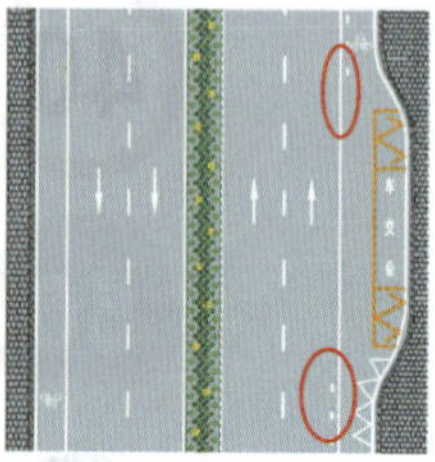

黄色单实线车行道边缘线

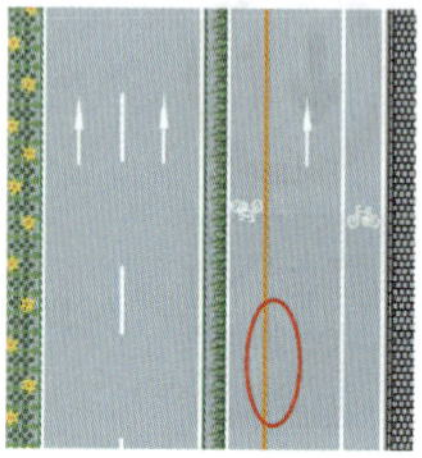

左弯待转区线

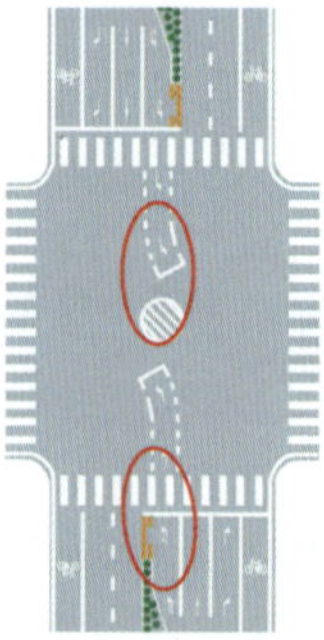

路口导向线

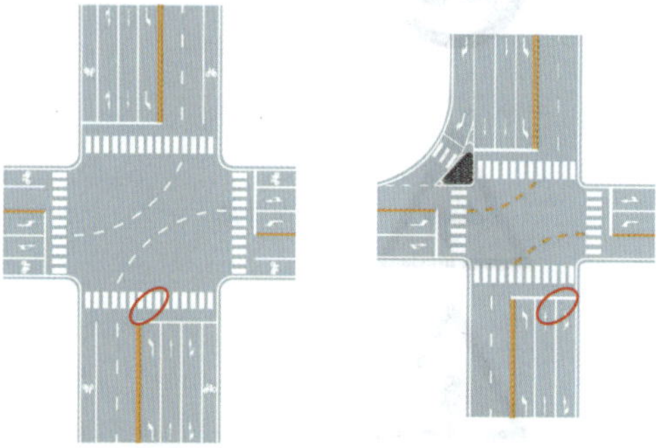

减速丘标线

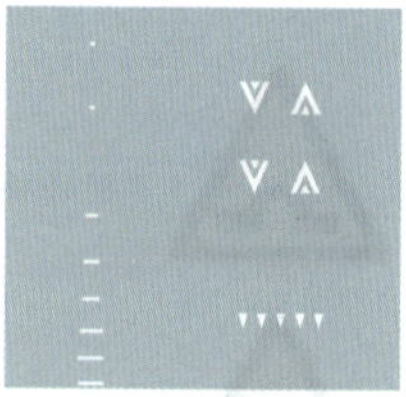

出口标线

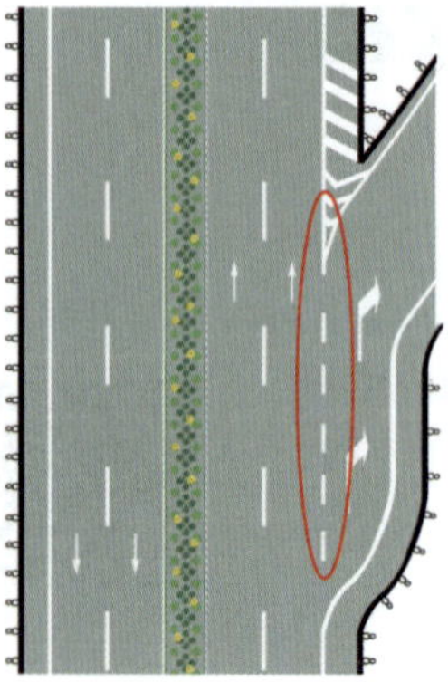

入口标线

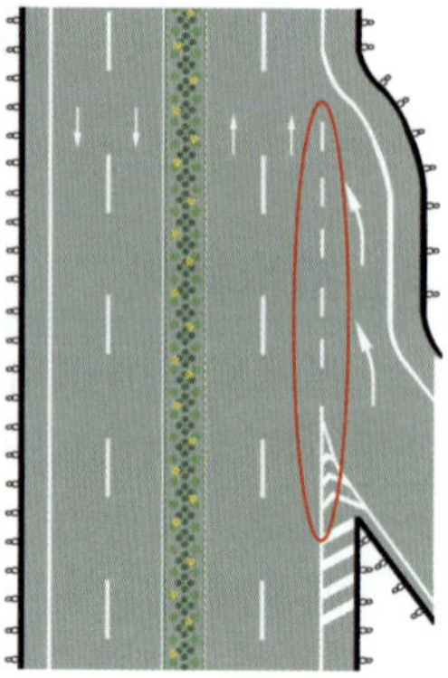

导向车道线

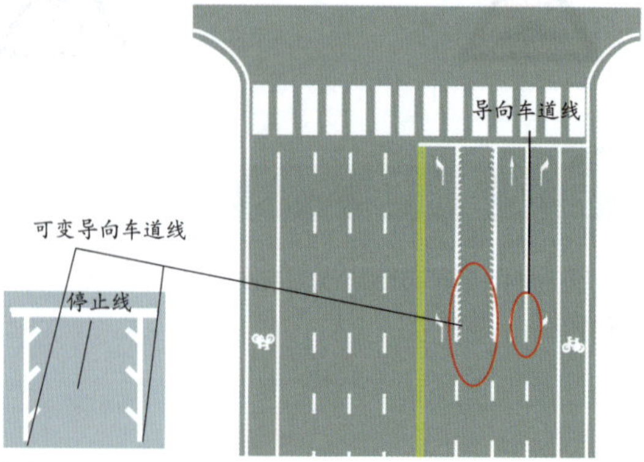

人行横道线（斑马线）

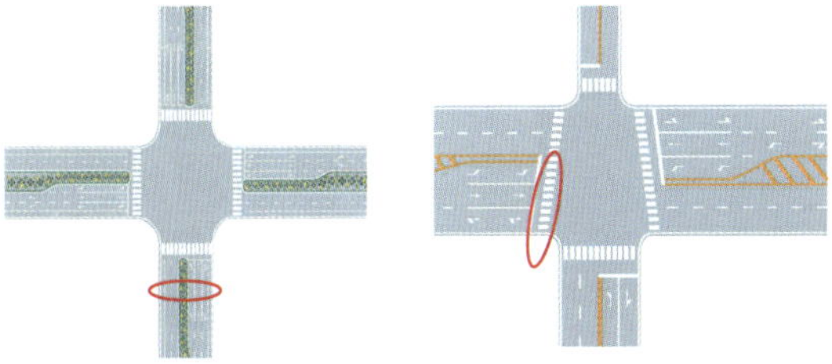

人行横道预告标识线

行人左右分道的人行横道线

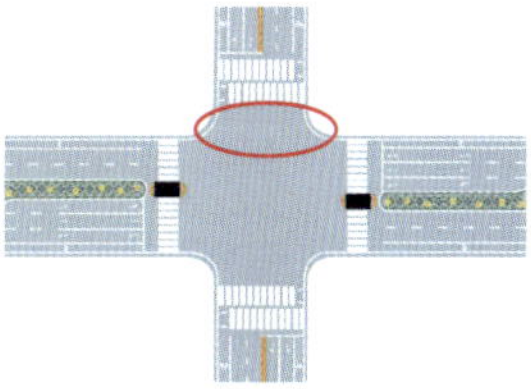

白色折线车距确认线

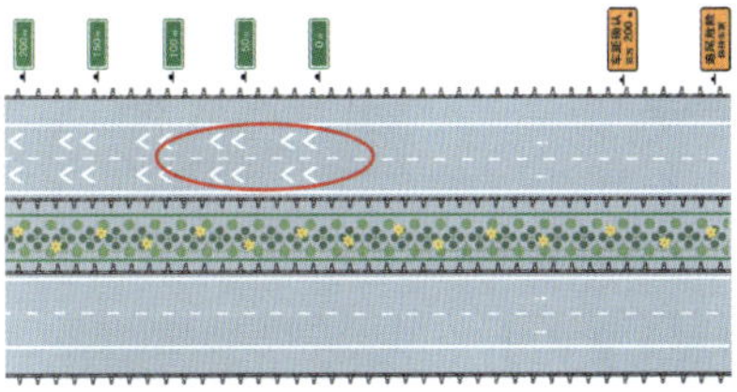

白色半圆状车距确认线

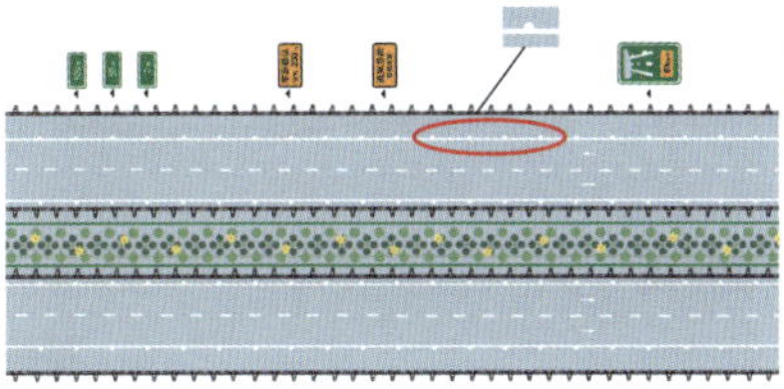

注意前方路面状况标记

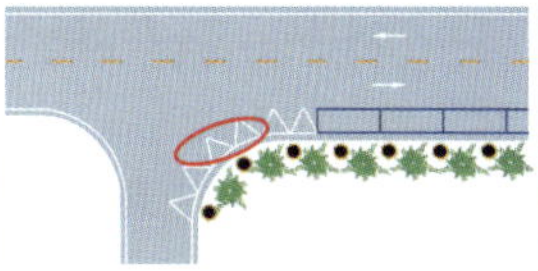

平行式停车位标线

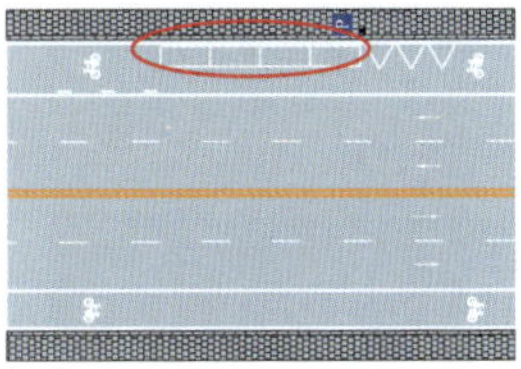

倾斜式停车位标线

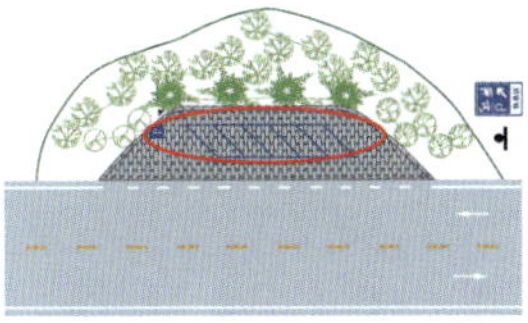

垂直式停车位标线

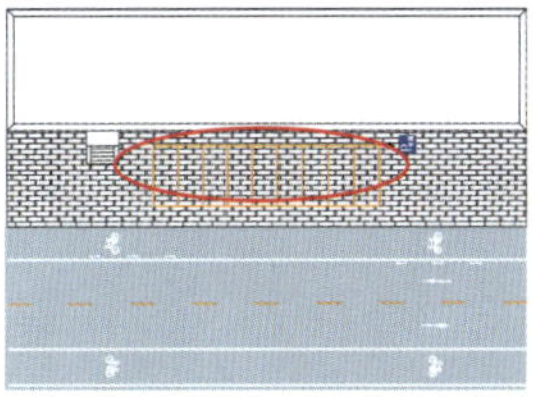

固定停车方向停车位标线

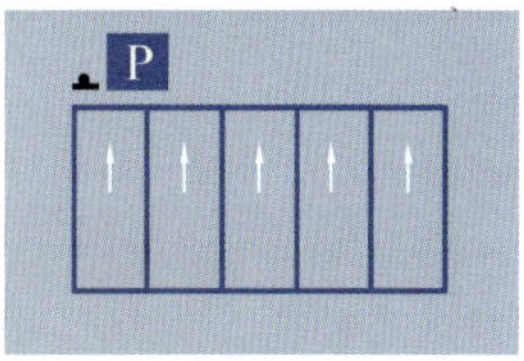

出租车专用待客停车位标线

出租车专用上下客停车位标线

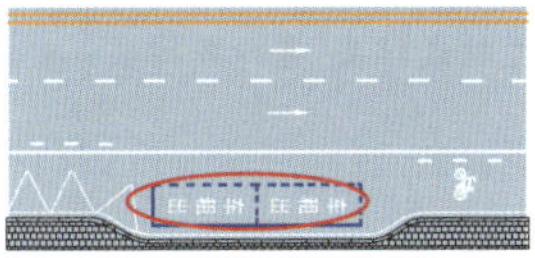

残疾人专用停车位标线

非机动车停车位标线

平行式机动车限时停车位标线

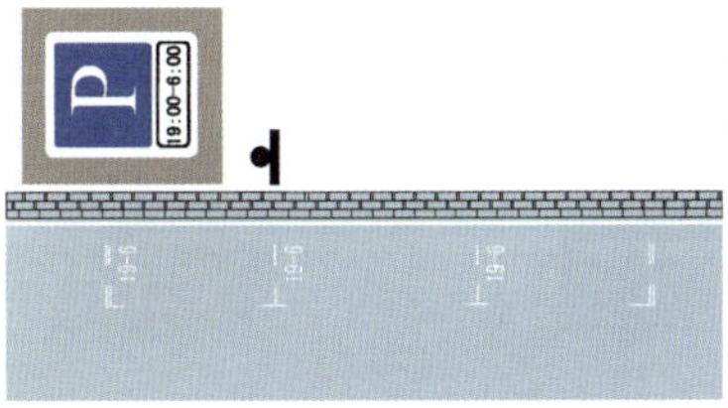

倾斜式机动车限时停车位标线

垂直式机动车限时停车位标线

车种专用港湾式停靠站标线

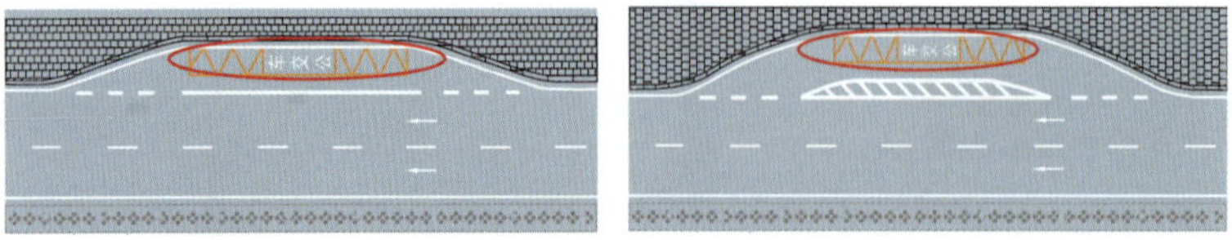

非机动车路面标记

路边式停靠站标线

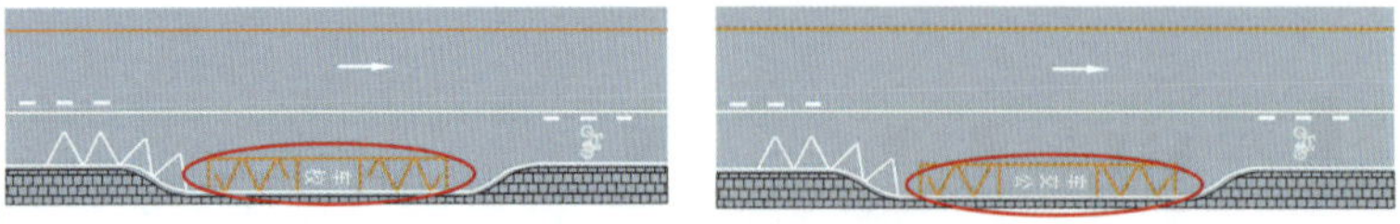

残疾人专用停车位路面标记

港湾式停靠站标线

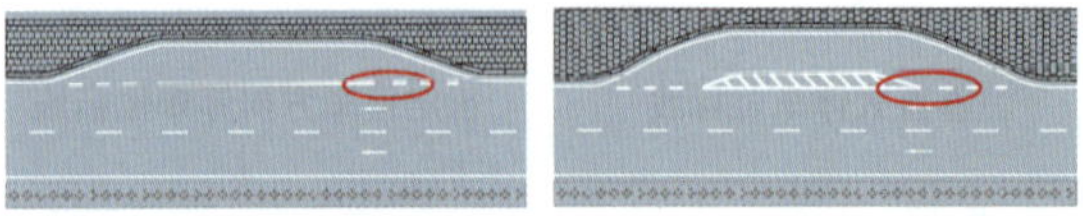

路面限速标记字符

最低限速值

最高限速值

导向箭头

直行　直行或左转　直行或右转　左转　右转　掉头　左转或掉头　直行或掉头　左右转弯　左弯或需向左合流　右弯或需向右合流

② 禁止标线

禁止标线的作用是告示道路使用者道路交通的遵行、禁止、限制等特殊规定。

双黄实线禁止跨越对向车行道分界线

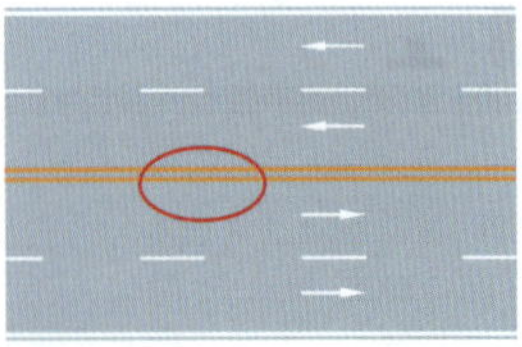

黄色虚实线禁止跨越对向车行道分界线

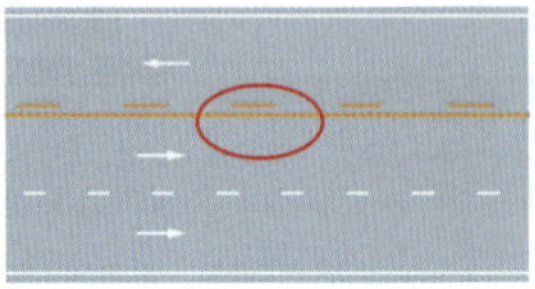

黄色单实线禁止跨越对向车行道分界线

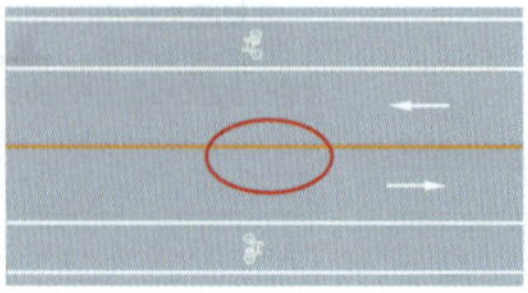

禁止跨越同向车行道分界线

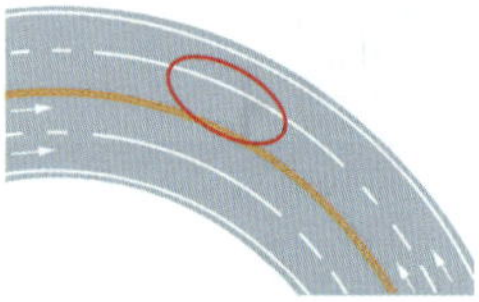

禁止长时停车线

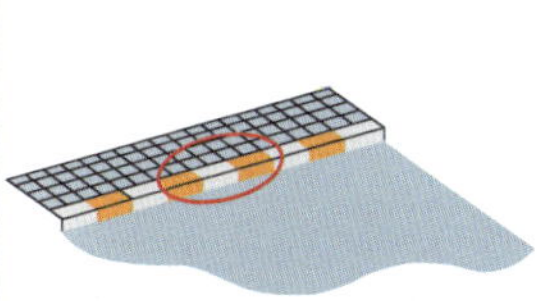

禁止停车线

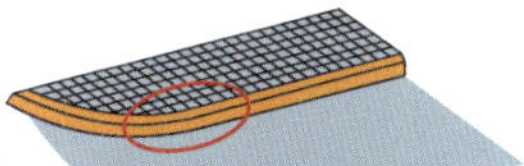

圆形中心圈

菱形中心圈

非机动车禁驶区标线

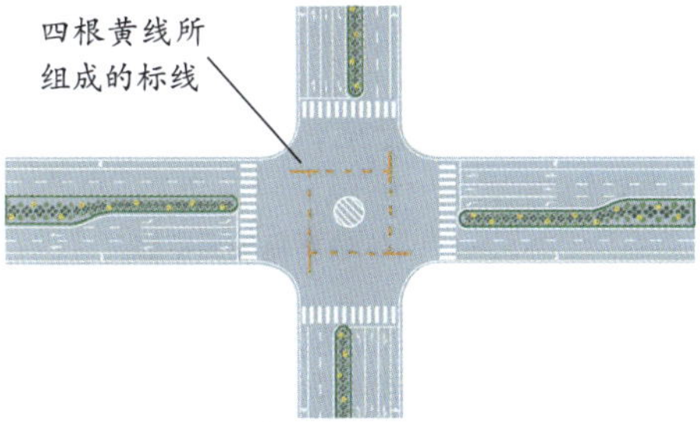

十字交叉口导流线设置示例

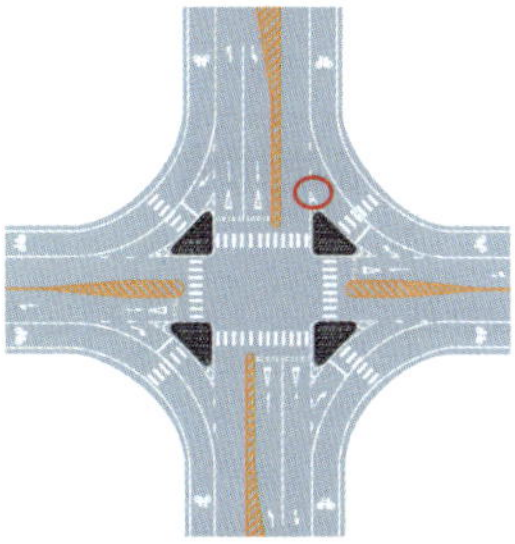

T形交叉口导流线设置示例

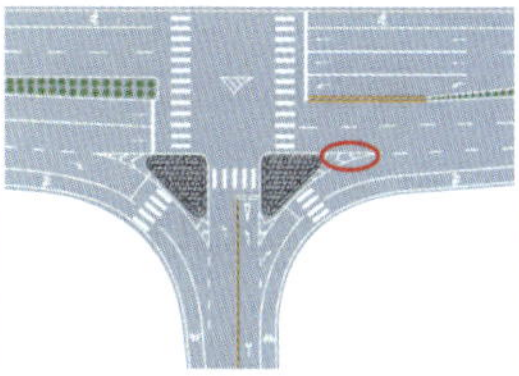

停止线

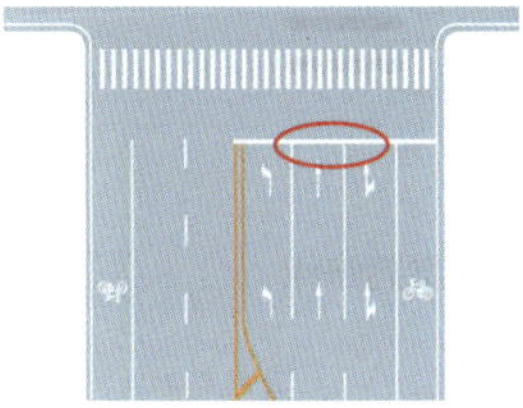

停车让行线

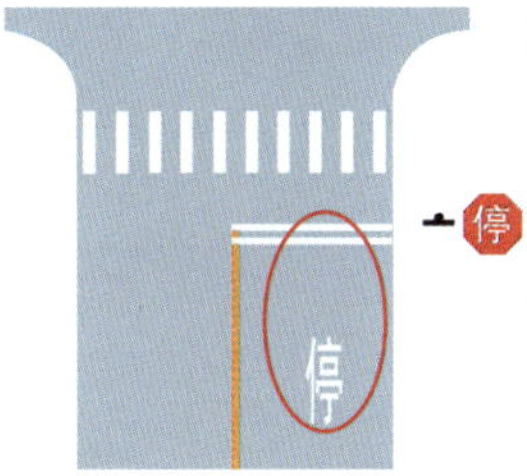

减速让行线

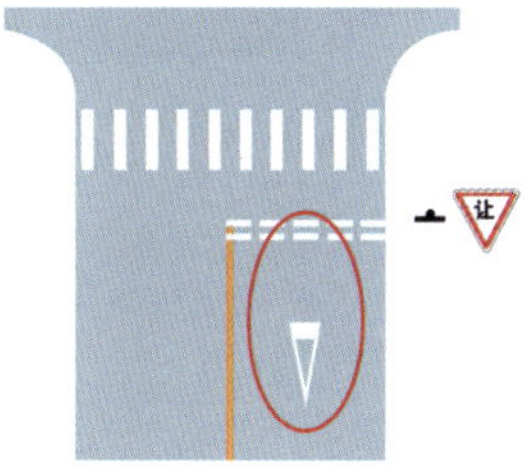

网状线

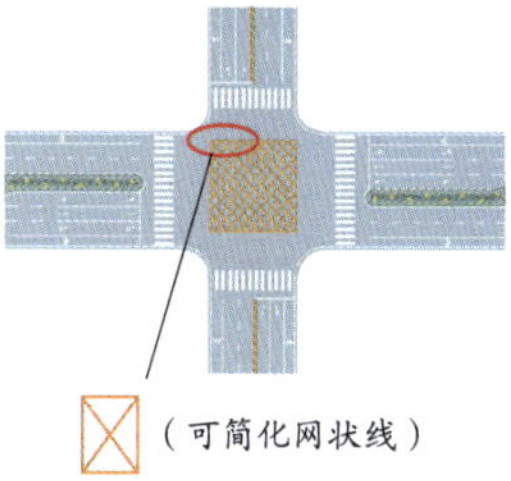

非机动车道线

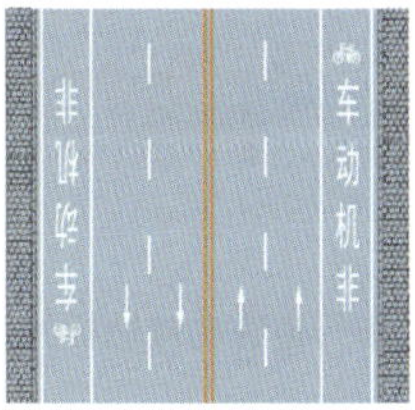

小型车专用车道线

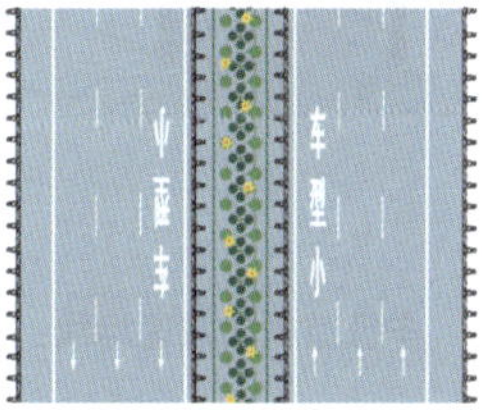

大型车道线

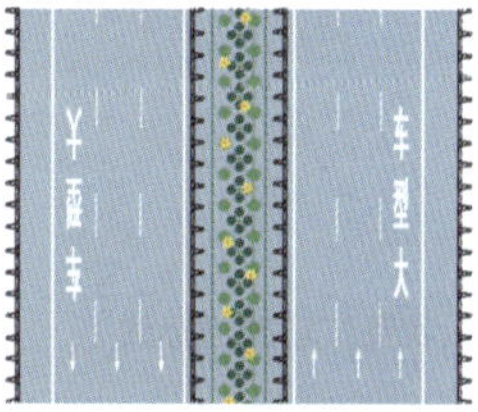

公交专用车道线

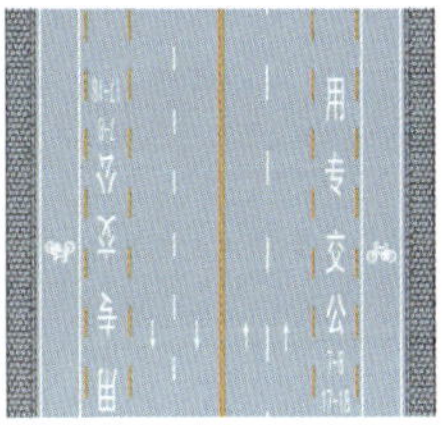

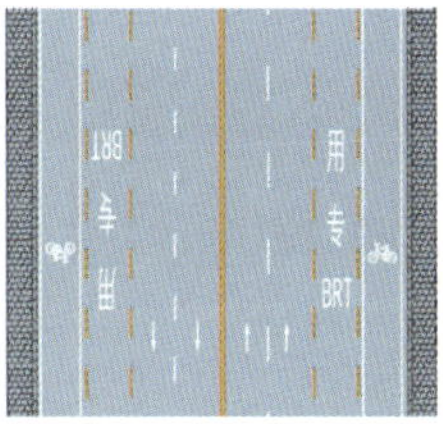

多乘员车辆专用车道线

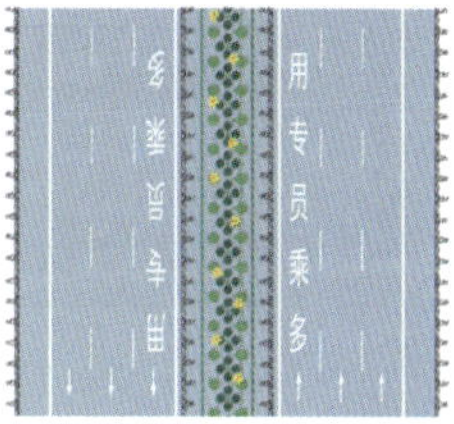

禁止掉头标记

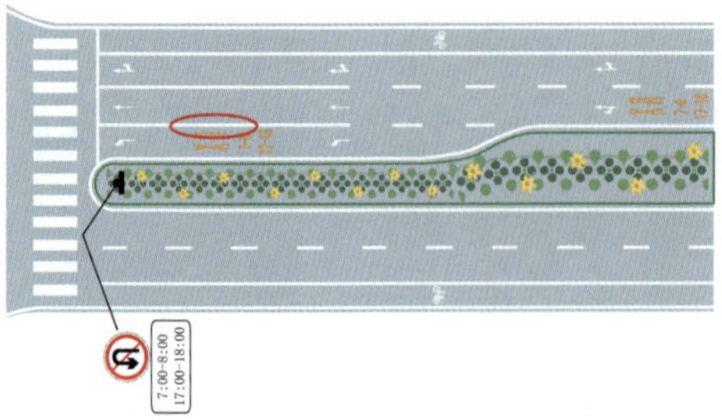

禁止转弯标记

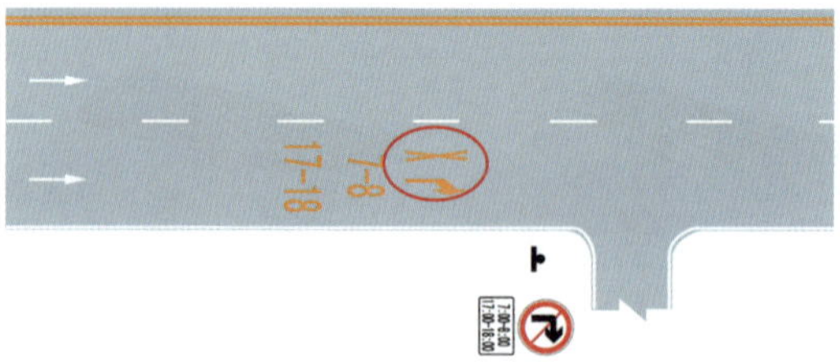

③ 警告标线

警告标线的作用是促使道路使用者了解道路上的特殊情况，提高警觉，准备应变措施。

三车行道变为双车行道渐变段标线

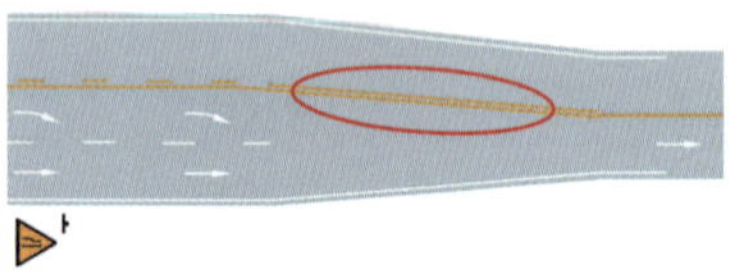

接近障碍物标线

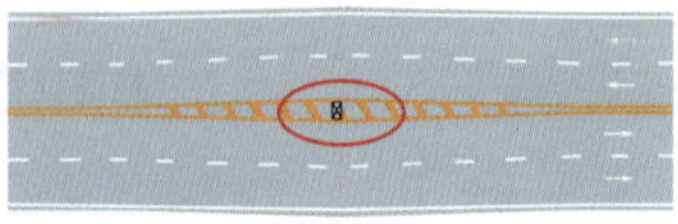

收费岛地面标线

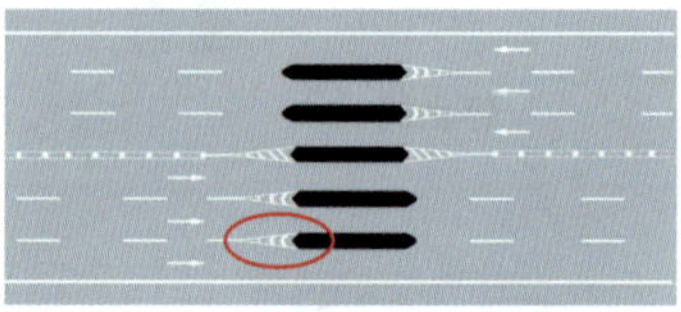

铁路平交道口标线

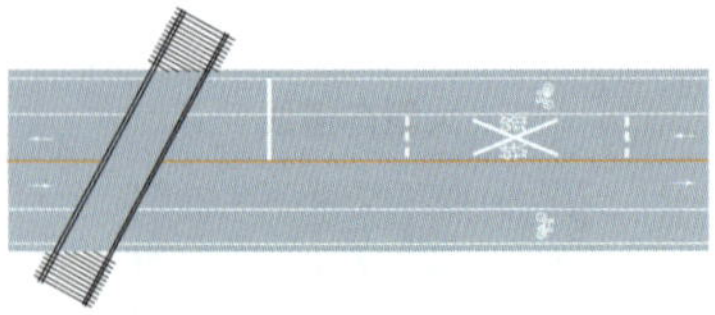

立面标记

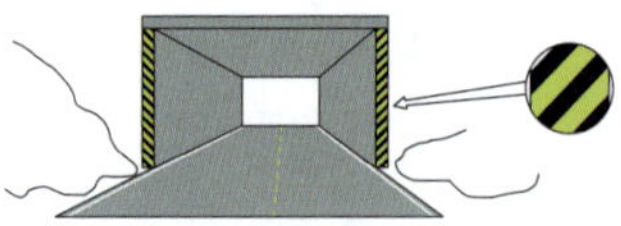

突起路标

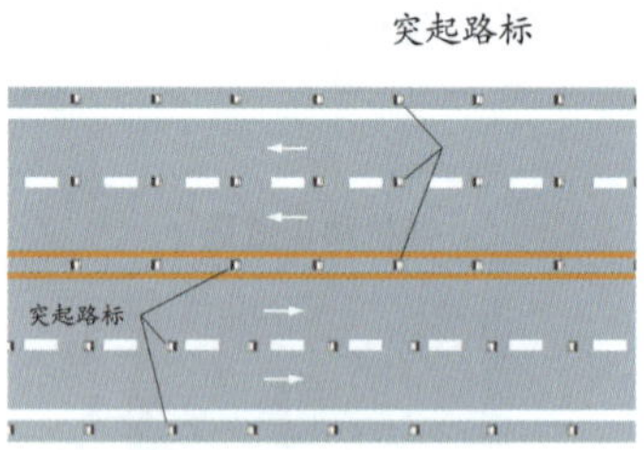

收费广场减速标线

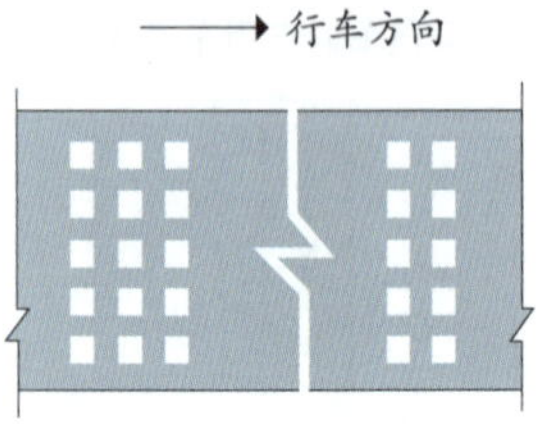

车行道横向减速标线

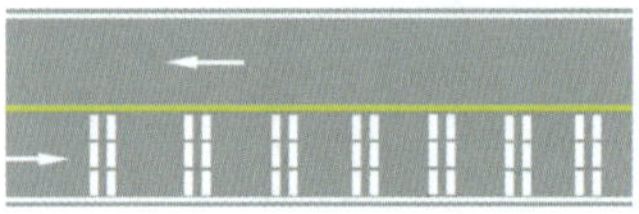

车行道纵向减速标线

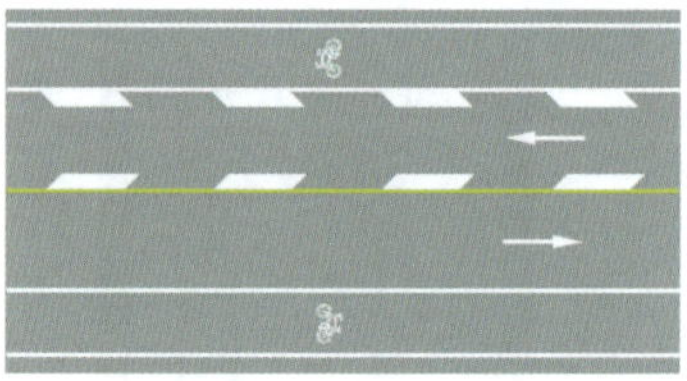

四 交通警察手势信号

交通警察手势信号有停止信号、示意车辆靠边停车信号、直行信号、变道信号、左转弯信号、右转弯信号、左转弯待转信号、减速慢行信号8种。

停止信号

示意车辆靠边停车信号

直行信号

左转弯信号

左转弯待转信号

变道信号

右转弯信号

减速慢行信号

在路口，当遇到交通信号灯和交通警察指挥不一致时，需按交通警察的指挥通行。

在夜间没有路灯、照明不良或者遇有雨、雪、雾、沙尘、冰雹等低能见度天气条件下，执勤交通警察用右手持指挥棒，按照手势信号指挥。

练习题

1. 这个标志的含义是警告车辆驾驶人前方是人行横道。（ × ）

试题详解：注意行人警告标志，用以警告车辆驾驶人减速慢行，注意行人，设在行人密集，或不易被驾驶员发现的人行横道线以前适当位置。

2. 这个标志的含义是提醒车辆驾驶人前方是非机动车道。（ × ）

试题详解：注意非机动车警告标志用以提醒车辆驾驶人注意慢行，而不是注意非机动车道，设在经常有非机动车横穿、出入的地点前适当位置。

3. 这个标志是何含义？

A. 会车让行　B. 不准让行

C. 减速让行　D. 停车让行

答案：C

试题详解：三角形的是减速让行，八角形的是停车让行，此标志表示减速让行，车辆应减速让行，告示车辆驾驶人应慢行或停车，观察干道行车情况，在确保干道车辆优先，确保安全的前提下，方可进入路口。

4. 这个标志是何含义？

A. 减速行驶　B. 限时进入

C. 禁止驶入　D. 禁止通行

答案：D

试题详解：此标志表示禁止通行，禁止一切车辆和行人通行。

5. 这个标志是何含义？

A. 直行车道　B. 禁止直行

C. 只准直行　D. 单行路

答案：C

试题详解：蓝色为指示标志，此标志表示一切车辆只准直行。

6. 这个标志是何含义？

A. 右侧是下坡路段　B. 靠道路右侧停车

C. 靠右侧道路行驶　D. 只准向右转弯

答案：C

试题详解：靠右侧道路行驶标志，表示只准一切车辆靠右侧道路行驶。此标志设在车辆必须靠右侧行驶的路口以前适当位置。

7. 这个标志是何含义？

A. 注意行人　　B. 行人先行

C. 步行　　D. 低速行驶

答案：C

试题详解：此标志表示该段道路只供行人步行，任何车辆不准进入。

8. 这个标志是何含义？

A. 人行横道　　B. 注意行人

C. 学生通道　　D. 儿童通道

答案：A

试题详解：此标志表示该处为人行横道。注意行人是三角形黄底的；里面白色，正方形蓝底是人行横道。

9. 图中圈内白色实线是什么标线？

A. 方向引导线　　B. 可变导向车道线

C. 单向行驶线　　D. 导向车道线

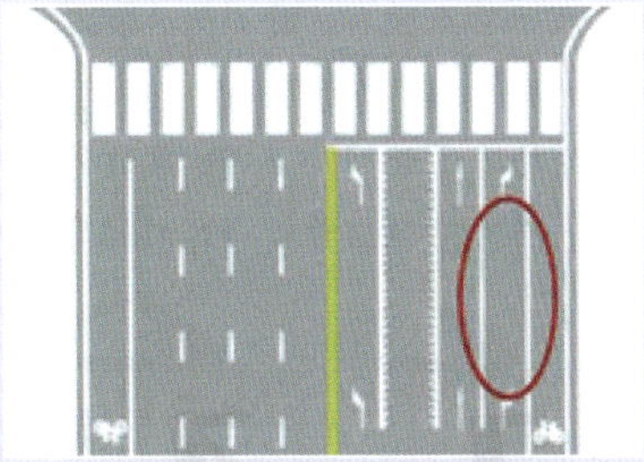

答案：D

试题详解：具有固定行驶方向的导向车道线。

10. 图中圈内的锯齿状白色实线是什么标线？

A. 单向行驶线　　B. 可变导向车道线

C. 导向车道线　　D. 方向引导线

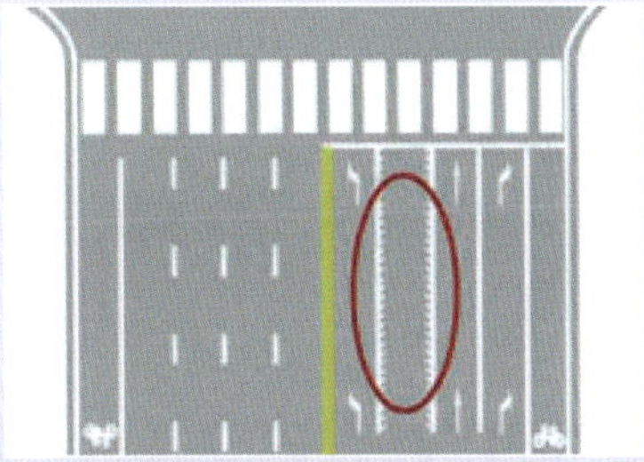

答案：B

试题详解：此标线是可变导向车道线。左转右转还是直行都是可以的，关键看信号灯或者路面上的指标牌。

11. 下列哪个标志禁止一切车辆长时间停放，临时停车不受限制。

A. 图 3　　B. 图 1　　C. 图 4　　D. 图 2

答案：C

试题详解：图 1 表示禁止停车；图 2 表示停车让行；图 3 表示禁止驶入；图 4 表示禁止长时停车。

12. 这一组交通警察手势是什么信号？

A. 左转弯信号　　B. 靠边停车信号

C. 左转弯待转信号　　D. 右转弯信号

答案：A

试题详解：与交警右手相对的方向车辆停车等待，交警左手摆动，交警面向方向的车辆左转弯。

13. 这一组交通警察手势是什么信号？

A. 靠边停车信号　　B. 左转弯待转信号

C. 左转弯信号　　D. 减速慢行信号

答案：C

试题详解：交警面向哪个方向就是在指挥哪个方向的车辆，就此图来说还是左转弯信号。

第四节　道路通行规定

一 道路通行原则

① 右侧通行

机动车、非机动车实行右侧通行。

② 按交通信号通行

车辆、行人应当按照交通信号通行，遇有交通警察现场指挥时，应当按照交通警察的指挥通行；在没有交通信号的道路上，应当在确保安全、畅通的原则下通行

③ 有划分车道的道路通行

道路划分为机动车道、非机动车道和人行道的，机动车、非机动车、行人实行分道通行。

在道路同方向划有 2 条以上机动车道的，左侧为快速车道，右侧为慢速车道。在快速车道行驶的机动车，应当按照快速车道规定的速度行驶；未达到快速车道规定的行驶速度的，应当在慢速车道行驶。慢速车道内的机动车超越前车时，可以借用快速车道行驶。

有交通标志标明行驶速度的，按照标明的行驶速度行驶。

道路上划设专用车道的，在专用车道内只准许规定的车辆通行，其他车辆不得进入专用车道内行驶。

④ 无划分车道的道路通行

道路没有划分机动车道、非机动车道和人行道的，机动车在道路中间通行，非机动车和行人在道路两侧通行。

二 灯光和喇叭的使用

① 灯光的使用

驾驶机动车向左转弯、向左变更车道、准备超车、驶离停车地点或者掉头时，应当提前开启左转向灯。驾驶机动车向右转弯、向右变更车道、超车完毕驶回原车道、靠路边停车时，应当提前开启右转向灯。

练习题

驾驶机动车在道路上靠路边停车过程中如何使用灯光？

A. 变换使用远近光灯

B. 提前开启右转向灯

C. 不用指示灯提示

D. 开启危险报警闪光灯

答案：B

驾驶机动车在雨、雪、沙尘、冰雹等低能见度情况下行驶时，开启前照灯、示廓灯和后位灯，但同方向行驶的后车与前车近距离行驶时，不得使用远光灯。

练习题

1. 在这种天气条件下行车如何使用灯光？

A. 使用雾灯　　B. 不使用灯光

C. 使用远光灯　　D. 使用近光灯

答案：D

2. 在这种雨天跟车行驶使用灯光，以下做法正确的是？

A. 不能使用远光灯　B. 使用雾灯

C. 不能使用近光灯　D. 使用远光灯

答案：A

驾驶机动车雾天行驶时，开启雾灯、危险报警闪光灯、前照灯、示廓灯和后位灯，但同方向行驶的后车与前车近距离行驶时，不得使用远光灯。

机动车在道路上发生故障或者发生交通事故，妨碍交通又难以移动时，按照规定开启危险报警闪光灯，并在车后50米至100米处设置警告标志，夜间还应当同时开启示廓灯和后位灯。

夜间驾驶机动车在没有路灯、照明不良的情况下行驶时，开启前照灯、示廓灯和后位灯，但同方向行驶的后车与前车近距离行驶时，不得使用远光灯。

夜间驾驶机动车在通过急弯、坡路、拱桥、人行横道、没有交通信号灯控制的路口或者超车时，交替使用远、近光灯示意。

夜间驾驶机动车，遇对面来车时，在距相对方向来车150米以外改用近光灯；在窄路、窄桥与非机动车会车时，使用近光灯。

练习题

夜间驾驶机动车在没有中心隔离设施或者没有中心线的道路上行驶，以下哪种情况下应当改用近光灯?

A. 与对向机动车会车时

B. 接近人行横道时

C. 接近没有交通信号灯控制的交叉路口时

D. 城市道路照明条件不良时

答案：A

试题详解：只有在没有路灯或者没有照明的情况下才能用远光灯，一般都用近光灯。窄路窄桥，若用远光灯，会让对方完全看不清，容易发生危险。夜间驾驶机动车遇到对向来车未关闭远光灯时，变换使用远近光灯提示。

② 喇叭的使用

驾驶机动车驶近急弯、坡道顶端等影响安全视距的路段以及超车或者遇有紧急情况时，减速慢行，并鸣喇叭示意。

三 跟车与限制超车

驾驶机动车与同车道行驶的前车，注意保持足以采取紧急制动措施的安全距离。

安全跟车距离

驾驶机动车超车时，提前开启左转向灯，变换使用远、近光灯或者鸣喇叭提示前车。在确认有充足的安全距离后，从前车的左侧超越，在与被超车辆拉开必要的安全距离后，开启右转向灯，驶回原车道。

练习题

驾驶机动车超车后立即开启右转向灯驶回原车道。（×）

试题详解：不能立即，应在与被超车辆拉开必要的安全距离后，开启右转向灯驶回原车道。

驾驶机动车不得在铁路道口、交叉路口、窄桥、弯道、陡坡、隧道、人行横道、市区交通流量大的路段等没有超车条件的路段超车。

驾驶机动车在慢速车道内行驶，需要超越同车道行驶的前车时，可以借用快速车道行驶。但不能超越正在左转弯、掉头、超车的前车。

驾驶机动车遇到前方同车道行驶的执行紧急任务的警车、消防车、救护车、工程救险车时，不得超车。

驾驶机动车在没有道路中心线或者同方向只有一条机动车道的道路上，遇后车发出超车信号时，在条件许可的情况下，降低速度，靠右让路。

四 交叉路口通行

驾驶机动车通过交叉路口，应当按照交通信号灯、交通标志、交通标线或者交通警察的指挥通过。

① 通过有交通信号灯控制的交叉路口

（1）驾驶机动车通过划有导向车道的路口，按所需行进方向驶入导向车道，进入导向车道实线区后不得变更车道。

（2）准备进入环形路口的，让已在路口内的机动车先行。

（3）在有交通信号灯控制的交叉路口向左转弯时，靠路口中心点左侧转弯。转弯时开启左转向灯，夜间行驶还应开启近光灯。

（4）在有交通信号灯控制的路口，遇放行信号时，依次通过；遇停止信号时，依次停在停止线以外；没有停止线的，停在路口以外。

（5）向右转弯遇有同车道前车正在等候放行信号时，依次停车等候。

（6）在有交通信号灯控制但没有方向指示信号灯的交叉路口，转弯的机动车应让直行的车辆、行人先行。

（7）在有交通信号灯控制但没有方向指示信号灯的交叉路口，相对方向行驶的右转弯机动车应让左转弯车辆先行。

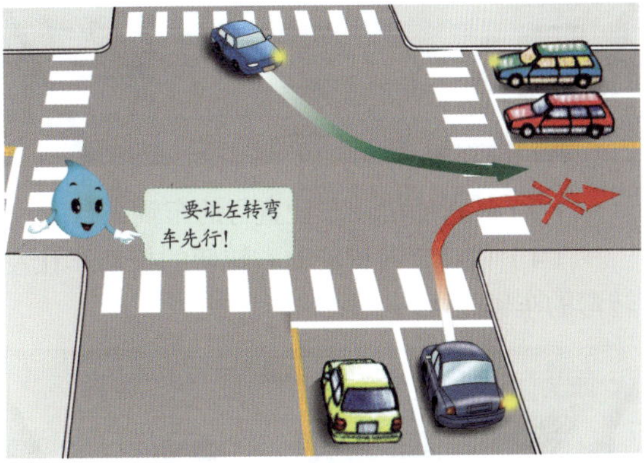

练习题

如图所示，A车具有优先通行权。（×）

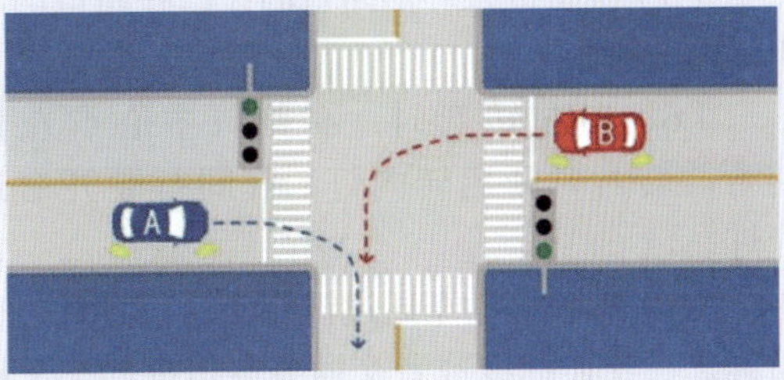

试题详解：左转车辆让直行车辆先行，右转车辆让左转车辆先行。

（8）驾驶机动车通过黄色闪光警告信号灯持续闪烁的路口时，要减速慢行，确认安全后通过。

② 通过无交通信号控制的交叉路口

（1）有交通标志标线控制的，让优先通行的一方先行。

（2）没有交通标志、标线控制的，在进入路口前停车瞭望，让右方道路的来车先行。

（3）转弯的机动车让直行的车辆先行。

（4）相对方向行驶的右转弯的机动车让左转弯的车辆先行。

（5）准备进入环形路口的让已在路口内的机动车先行。

（6）向左转弯时，靠路口中心点左侧转弯。转弯时开启转向灯，夜间行驶开启近光灯。

（7）驾驶机动车通过没有交通信号灯、交通标志、交通标线或者交通警察指挥的交叉路口时，要减速慢行，并让行人和优先通行的车辆先行。

练习题

1. 在交叉路口遇到这种情况享有优先通行权。（√）

试题详解：《道路交通安全法实施条例》第五十二条规定机动车通过没有交通信号灯控制也没有交通警察指挥的交叉路口，应当：

（1）没有交通标志、标线控制的，在进入路口前停车瞭望，让右方道路的来车先行；

（2）转弯的机动车让直行的车辆先行；

（3）相对方向行驶的右转弯的机动车让左转弯的车辆先行。

我方是左转，对方是右转，故我方优先通过。

2. 在路口直行时，遇这种情形如何通行？

A. 让右方道路车辆先行

B. 让左方道路车辆先行

C. 直接加速直行通过

D. 开启危险报警闪光灯通行

答案：A

3. 驾驶机动车通过未设置交通信号灯的交叉路口时，下列说法错误的是什么？

A. 相对方向行驶的左转弯机动车让右转弯的车辆先行

B. 转弯的机动车让直行的车辆、行人先行

C. 没有交通标志、标线控制时，在进入路口前停车瞭望，让右方道路的来车先行

D. 相对方向行驶的右转弯机动车让左转弯的车辆先行

答案：A

试题详解：驾驶机动车通过未设置交通信号灯的交叉路口时，转弯的机动车应当让直行的车辆、行人先行；没有交通标志、标线控制时，在进入路口前停车瞭望，让右方道路的来车先行；相对方向行驶的右转弯机动车让左转弯的车辆先行。

五 变更车道

驾驶机动车在道路上变更车道，不能影响其他车辆正常行驶。在道路同方向划有2条以上机动车道的路段，变更车道的机动车不得影响相关车道内行驶的机动车的正常行驶。

遇到交通警察发出变道手势信号时，要及时按交通警察手势方向变更车道，腾空指定的车道，并减速慢行。

练习题

驾驶机动车应在变更车道的同时开启转向灯。（ × ）

试题详解：机动车在变更车道时，应当提前开启转向灯，夜间还需变换使用远、近光灯。

六 机动车限速通行

1 有限速标志标线时的限速规定

机动车在道路上行驶不得超过限速标志、标线标明的速度。

为什么要实行限速通行

警示

车速超过规定时速50%的，处200元以上2000元以下罚款，并处吊销机动车驾驶证。

2 无限速标志标线道路的限速规定

在没有道路中心线的道路，城市道路限速为30公里/小时，公路为40公里/小时。

无限速信号道路的限速

同方向只有一条机动车道的道路，城市道路限速为50公里/小时，公路为70公里/小时。

练习题

1. 驾驶机动车在没有中心线的城市道路上，最高速度不能超过每小时 50 公里。（ × ）

2. 在这条公路上行驶的最高速度不能超过多少？

A. 70 公里 / 小时　　B. 50 公里 / 小时

C. 40 公里 / 小时　　D. 30 公里 / 小时

答案：C

试题解析：此图为没有道路中心线的道路，道路限速为 40 公里 / 小时。

3. 在这条城市道路上行驶的最高速度不能超过多少？

A. 70 公里 / 小时　　B. 50 公里 / 小时

C. 30 公里 / 小时　　D. 40 公里 / 小时

答案：B

试题解析：此图为同方向只有一条机动车车道的城市道路，道路限速为 50 公里 / 小时。

③ 限速 30 公里 / 小时的情形

机动车行驶中遇有下列情形之一的，最高行驶速度不得超过 30 公里 / 小时：

（1）进出非机动车道，通过铁路道口、急转弯、窄路、窄桥；

（2）掉头、转弯、下陡坡；

（3）遇雾、雨、雪、沙尘、冰雹，能见度在 50 米以内；

（4）在冰雪、泥泞的道路上行驶；

（5）牵引发生故障的机动车。

④ 居民区限速规定

在居民居住区、单位院内驾驶机动车，要低速行驶，注意避让行人；有限速标志时，按照限速标志速度行驶。

七 会车

驾驶机动车在没有中心隔离设施或者没有中心线的道路上，遇相对方向来车时，要减速靠右行驶，并与其他车辆、行人保持必要的安全距离。

会车规定

驾驶机动车在有障碍的路段遇对面来车时，有障碍一方让无障碍的一方先行；但有障碍的一方已驶入障碍路段而无障碍的一方未驶入时，有障碍的一方先行。

驾驶机动车在狭窄的坡路遇对面来车时，上坡的一方先行；但下坡的一方已行至中途而上坡的一方未上坡时，下坡的一方先行；在没有道路中心线的狭窄山路会车，不靠山体的一方先行。

八 掉头与倒车

① 掉头

（1）有禁止掉头或者禁止左转弯标志、标线的地点禁止掉头。

（2）铁道路口、人行横道、桥梁、急弯、陡坡、隧道或者容易发生危险的路段禁止掉头。

（3）驾驶机动车在没有禁止掉头或者没有禁止左转弯标志、标线的地点可以掉头，但不得妨碍正常行驶的其他车辆和行人通行。

② 倒车

（1）机动车倒车时，应当察明车后情况，确认安全后倒车。

（2）不得在铁路道口、交叉路口、单行路、桥梁、急弯、陡坡或者隧道中倒车。

九 铁路道口及渡口通行

① 铁路道口通行

驾驶机动车通过有交通信号或者管理人员的铁路道口时，要按照交通信号或者管理人员的指挥通行。

驾驶机动车通过没有交通信号或者管理人员的铁路道口时，要减速或者停车观察，确认安全后以不超过 30 公里 / 小时的速度通过。

驾驶机动车通过道路与铁路平面交叉道口，有两个红灯交替闪烁或者一个红灯亮时，要将车停在停止线以外等待，等红灯熄灭时通行。

② 渡口通行

机动车行经渡口，应当服从渡口管理人员指挥，按照指定地点依次待渡；机动车上下渡船时，应当低速慢行。

十 缓行、拥堵路段通行

机动车遇有前方交叉路口交通阻塞时，应当依次停在路口以外等候，不得进入路口；遇有前方机动车停车排队等候或者缓慢行驶时，应当依次排队通行；不得从前方车辆两侧穿插或者超越行驶。

缓行拥堵路段通行

驾驶机动车遇有前方交叉路口交通阻塞时，应当依次停在路口以外等候，不得在人行横道、网状线区域内停车等候。

驾驶机动车在车道减少的路口、路段，遇有前方机动车停车排队等候或者缓慢行驶的，应当每车道一辆依次交替驶入车道减少后的路口、路段。

练习题

在路口遇到这种情形时怎样做？

A. 跟随前车通过路口

B. 停在路口内等待

C. 停在网状线区域内等待

D. 停在路口以外等待

答案：D

试题详解：《道路交通安全法实施条例》第五十三条第一款：机动车遇有前方交叉路口交通堵塞时，应当依次停在路口以外等候，不得进入路口。

虽然是绿灯，但是前方阻塞，而且前车后边是网状线，是禁止停车的。所以停在路口以外等待。

十一 漫水路、漫水桥通行

驾驶机动车行经漫水路或者漫水桥时，应当停车察明水情，确认安全后，低速通过。

十二 避让行人和非机动车

驾驶机动车通过没有交通信号的交叉路口时，要减速慢行，让行人先行。在没有方向指示信号灯的交叉路口转弯时，要让直行的行人先行。

驾驶机动车行经人行横道时，要减速行驶；遇行人正在通过人行横道时，要停车让行人先行；不得在人行横道区域内停车等候。

驾驶机动车在没有交通信号灯和交通标志、标线的道路遇行人横过道路，要及时减速或停车避让。

十三 遇校车通行规定

校车在同方向只有1条机动车道的道路上停靠时，后方车辆应当停车等待，不能超越。

校车在同方向有2条以上机动车道的道路上停靠时，校车停靠车道后方和相邻机动车道上的机动车应当停车等待，其他机动车道上的机动车应当减速通过。校车后方停车等待的机动车不能鸣喇叭或者使用灯光催促校车。

十四 机动车停车规定

驾驶机动车停车，要在规定地点停放。需要在路边停车时，选择在停车泊位内停放。

在道路上临时停车，不得妨碍其他车辆和行人通行。在没有施划停车泊位的道路上，路边停车要紧靠道路右侧，按顺行方向停放，车身距道路边缘不超过30厘米，机动车驾驶人不得离车，上下人员或者装卸物品后，立即驶离。

遇机动车故障或交通事故停车时，车辆难以移动的，应当开启危险报警闪光灯。夜间须开启危险报警闪光灯、示廓灯和后位灯。

在设有禁停标志、标线的路段，在机动车道与非机动车道、人行道之间设有隔离设施的路段以及人行横道、施工地段，不得停车。

驾驶机动车在距离公共汽车站、急救站、加油站、消防栓或者消防队（站）门前30米以内的路段不得停车。驾驶机动车在交叉路口、铁路道口、急弯路、宽度不足4米的窄路、桥梁、陡坡以及距上述地点50米以内的路段，不得停车。

车辆停稳前不得开车门和上下人员，开关车门不得妨碍其他车辆和行人通行。

练习题

如图所示，A车在此处停车是可以的。（√）

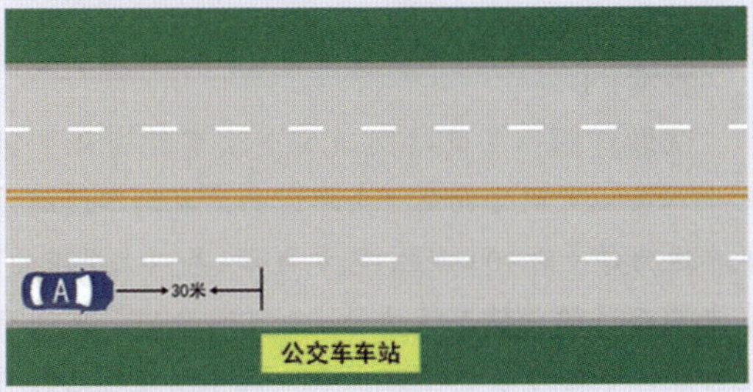

试题详解： 图上的汽车临时停放的地方在公共汽车站30米以外，所以是可以临时停放的。

十五 牵引故障机动车

牵引故障机动车应当遵守下列规定：

（1）被牵引的机动车除驾驶人外不得载人，不得拖带挂车；

（2）被牵引的机动车宽度不得大于牵引机动车的宽度；

（3）使用软连接牵引装置时，牵引车与被牵引车之间的距离应当大于4米小于10米；

（4）对制动失效的被牵引车，应当使用硬连接牵引装置牵引；

（5）牵引车和被牵引车均应当开启危险报警闪光灯。

转向或者照明、信号装置失效的故障机动车，应当使用专用清障车拖曳。汽车吊车和轮式专用机械车不得牵引车辆。摩托车不得牵引车辆或者被其他车辆牵引。

十六 高速公路行驶特别规定

1 驶入驶出高速公路

驾驶机动车从匝道驶入高速公路，开启左转向灯，在不妨碍已在高速公路内的车辆正常行驶的情况下驶入加速车道。

练习题

1. 在这个位置时怎样使用灯光？

A. 开启前照灯

B. 开启危险报警闪光灯

C. 开启左转向灯

D. 开启右转向灯

答案： C

试题详解： 《道路交通安全法实施条例》第七十九条规定：机动车从匝道驶入高速公路，应当开启左转向灯，在不妨碍已在高速公路内的机动车正常行驶的情况下驶入车道。

2. 这辆小型载客汽车驶离高速公路行车道的方法是正确的。（√）

试题详解：开了右转向灯，也是从虚线地方进入减速车道，是正确的做法。

驾驶机动车驶离高速公路时，提前开启右转向灯，在不妨碍已在高速公路内的车辆正常行驶的情况下驶入减速车道，降低车速后驶入匝道。

② 分道限速规定

在高速公路行驶时，最高车速不得超过 120 公里 / 小时，最低车速不得低于 60 公里 / 小时。

在高速公路上行驶的小型载客汽车最高车速不得超过 120 公里 / 小时，其他机动车不得超过 100 公里 / 小时，摩托车不得超过 80 公里 / 小时。

同方向有 2 条车道的，左侧车道的最低车速为 100 公里 / 小时；同方向有 3 条以上车道的，最左侧车道的最低车速为 110 公里 / 小时，中间车道的最低车速为 90 公里 / 小时。

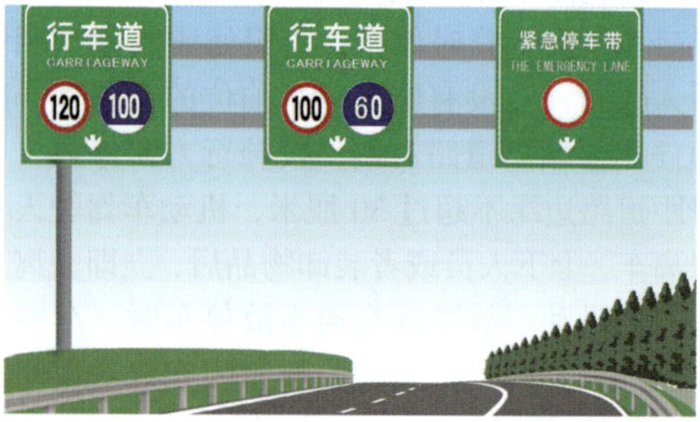

道路限速标志标明的车速与上述车道行驶车速的规定不一致的，按照道路限速标志标明的车速行驶。

练习题

1. 如图所示，在高速公路上同方向三条机动车道最左侧车道行驶，应保持什么车速？

A. 90 公里 / 小时 ~ 120 公里 / 小时

B. 110 公里 / 小时 ~ 120 公里 / 小时

C. 60 公里 / 小时 ~ 120 公里 / 小时

D. 100 公里 / 小时 ~ 120 公里 / 小时

答案：B

试题详解：《道路交通安全法实施条例》第七十八条规定同方向有 2 条车道的，左侧车道的最低车速为每小时 100 公里；同方向有 3 条以上车道的，最左侧车道的最低车速为每小时 110 公里，中间车道的最低车速为每小时 90 公里。道路限速标志标明的车速与上述车道行驶车速的规定不一致的，按照道路限速标志标明的车速行驶。

2. 如图所示，在高速公路同方向三条机动车道右侧车道行驶，车速不能低于多少？

A. 60 公里 / 小时　B. 100 公里 / 小时

C. 110 公里 / 小时　D. 80 公里 / 小时

答案：A

试题详解：《道路交通安全法实施条例》第七十八条规定高速公路应当标明车道的行驶速度，最高车速不得超过每小时 120 公里，最低车速不得低于每小时 60 公里。

3. 如图所示，在高速公路同方向两条机动车道左侧车道行驶，应保持什么车速？

A. 110 公里 / 小时 ~ 120 公里 / 小时

B. 60 公里 / 小时 ~ 120 公里 / 小时

C. 90 公里 / 小时 ~ 110 公里 / 小时

D. 100 公里 / 小时 ~ 120 公里 / 小时

答案：D

试题详解：《道路交通安全法实施条例》第七十八条规定同方向有 2 条车道的，左侧车道的最低车速为每小时 100 公里。

③ 跟车距离

机动车在高速公路上行驶，车速超过 100 公里 / 小时时，应当与同车道前车保持 100 米以上的距离，车速低于 100 公里 / 小时时，与同车道前车距离可以适当缩短，但最小距离不得少于 50 米。

④ 低能见度下的车速与车距控制

机动车在高速公路上行驶，遇有雾、雨、雪、沙尘、冰雹等低能见度气象条件的速度要求和车距要求：

（1）能见度小于 200 米时，开启雾灯、近光灯、示廓灯和前后位灯，车速不得超过 60 公里 / 小时，与同车道前车保持 100 米以上的距离；

低能见度时的行驶要求

（2）能见度小于 100 米时，开启雾灯、近光灯、示廓灯、前后位灯和危险报警闪光灯，车速不得超过 40 公里 / 小时，与同车道前车保持 50 米以上的距离；

（3）能见度小于 50 米时，开启雾灯、近光灯、示廓灯、前后位灯和危险报警闪光灯，车速不得超过 20 公里 / 小时，并从最近的出口尽快驶离高速公路。

练习题

雪天在高速公路上驾驶时，关于安全车距错误的说法是什么？

A. 能见度小于 50m 时，应该驶离高速公路

B. 能见度小于 200m 时，与前车至少保持 50m 的安全距离

C. 雪天能见度低，应该根据能见度控制安全距离

D. 雪天路滑，制动距离比干燥柏油路更长

答案：B

试题详解：驾驶机动车在高速公路上行驶，遇低能见度气象条件时，能见度在200米以下，车速不得超过60公里/小时，与同车道前车至少保持100米的安全车距。

⑤ 故障处理

机动车在高速公路上发生故障时，警告标志应当设置在故障车来车方向150米以外，车上人员应当迅速转移到右侧路肩上或者应急车道内，并且迅速报警。（注意：最安全的是车上人员应迅速转移至车辆右前方护栏外的安全地带。）

机动车在高速公路上发生故障或者交通事故，无法正常行驶的，应当由救援车、清障车拖曳、牵引。

⑥ 高速公路禁止行为

行人、非机动车、拖拉机、轮式专用机械车、铰接式客车、全挂拖斗车以及其他设计最高时速低于70公里的机动车，不得进入高速公路。

机动车在高速公路上行驶，不得有下列行为：

（1）倒车、逆行、穿越中央分隔带掉头或者在车道内停车；

（2）在匝道、加速车道或者减速车道上超车；

（3）骑、轧车行道分界线或者在路肩上行驶；

（4）非紧急情况时在应急车道行驶或者停车；

（5）试车或者学习驾驶机动车；

（6）在高速公路上行驶的载货汽车车厢不得载人。

任何单位、个人不得在高速公路上拦截检查行驶的车辆，公安机关的人民警察依法执行紧急公务除外。

第五节　驾驶行为要求与违法行为处罚

一 驾驶行为要求

机动车驾驶人要严格遵守道路交通安全法律、法规的规定，养成良好的驾驶行为习惯，做到安全驾驶、文明行车，不开英雄车、冒险车、赌气车和带病车。

① 驾驶人对所驾车辆的安全责任

驾驶人驾驶机动车上道路行驶前，应当对机动车的安全技术性能进行认真检查；不得驾驶安全设施不全或者机件不符合技术标准等具有安全隐患的机动车。

② 驾驶机动车禁止行为

饮酒、服用国家管制的精神药品或者麻醉药品，或者患有妨碍安全驾驶机动车的疾病，或者过度疲劳影响安全驾驶的，不得驾驶机动车。

提示

驾驶机动车禁止行为

（1）在车门、车厢没有关好时行车；

（2）在机动车驾驶室的前后窗范围内悬挂、放置妨碍驾驶人视线的物品；

（3）拨打接听手持电话、观看电视等妨碍安全驾驶的行为；

（4）下陡坡时熄火或者空挡滑行；

（5）向道路上抛撒物品；

（6）连续驾驶机动车超过4小时未停车休息或者停车休息时间少于20分钟；

（7）在禁止鸣喇叭的区域或者路段鸣喇叭。

③ 机动车载人载物规定

机动车载人不得超过核定的人数，禁止货运机动车载客。驾驶人、乘坐人员应当按规定使用安全带。

机动车载物不得超过机动车行驶证上核定的载质量，严禁超载；载物的长、宽、高不得违反装载要求；装载长度、宽度不得超出车厢。客运机动车不得违反规定载货。载客汽车除车身外部的行李架和内置的行李箱外，不得载货。

④ 避让特种车辆和道路养护作业车

驾驶机动车遇到执行紧急任务的警车、消防车、救护车、工程救险车时，要及时让行。驾驶机动车遇到正在进行作业的道路养护车辆、工程作业车时要注意避让。

⑤ 机动车牵引挂车

小型载客汽车牵引挂车时，只允许牵引旅居挂车或者总质量 700 千克以下的挂车，挂车不得载人。低速载货汽车不得牵引挂车。

大型、中型载客汽车、城市公交车不得牵引挂车。

载货汽车、半挂牵引车只允许牵引 1 辆挂车。挂车的灯光信号、制动、连接、安全防护等装置，应当符合国家标准。载货汽车所牵引挂车的载质量不得超过载货汽车本身的载质量，挂车车厢内严禁载人。

二 交通违法行为处罚

驾驶人驾驶机动车在道路上违反道路交通安全法律法规的行为属于交通违法行为。针对不同的交通违法行为，驾驶人会受到公安机关交通管理部门的行政强制措施和行政处罚，严重的构成犯罪时将会受到刑事处罚。

① 行政强制措施

针对驾驶人的交通违法行为，公安机关交通管理部门及其交通警察依法采取扣留车辆，扣留机动车驾驶证，拖移机动车，检验驾驶人体内酒精、国家管制的精神药品、麻醉药品含量，收缴物品，以及法律、法规规定的其他行政强制措施，不同违法情形的行政强制措施如下表。

不同违法情形的行政强制措施（适用于 C1、C2、C3 车型）

行政强制措施	违法情形
1. 扣留车辆	（1）上道路行驶的机动车未悬挂机动车号牌，未放置检验合格标志、保险标志，或者未随车携带机动车行驶证、驾驶证的； （2）有伪造、变造或者使用伪造、变造的机动车登记证书、号牌、行驶证、检验合格标志、保险标志、驾驶证或者使用其他车辆的机动车登记证书、号牌、行驶证、检验合格标志、保险标志嫌疑的； （3）未按照国家规定投保机动车交通事故责任强制保险的； （4）机动车有被盗抢嫌疑的； （5）机动车有拼装或者达到报废标准嫌疑的； （6）公路客运车辆或者货运机动车超载的； （7）未申领《剧毒化学品公路运输通行证》通过公路运输剧毒化学品的
2. 扣留机动车驾驶证	（1）饮酒后驾驶机动车的； （2）将机动车交由未取得机动车驾驶证或者机动车驾驶证被吊销、暂扣的人驾驶的； （3）机动车行驶超过规定时速 50% 的； （4）驾驶有拼装或者达到报废标准嫌疑的机动车上道路行驶的； （5）在一个记分周期内累积记分达到 12 分的
3. 拖移机动车	违反机动车停放、临时停车规定，驾驶人不在现场或者虽在现场但拒绝立即驶离，妨碍其他车辆、行人通行的，公安机关交通管理部门及其交通警察可以将机动车拖移至不妨碍交通的地点或者公安机关交通管理部门指定的地点

续上表

行政强制措施	违法情形
4. 检验驾驶人体内酒精、国家管制的精神药品、麻醉药品含量	（1）对酒精呼气测试等方法测试的酒精含量结果有异议的； （2）涉嫌饮酒、醉酒驾驶车辆发生交通事故的； （3）涉嫌服用国家管制的精神药品、麻醉药品后驾驶车辆的； （4）拒绝配合酒精呼气测试等方法测试的
5. 收缴物品	对非法安装警报器、标志灯具的，公安机关交通管理部门应当强制拆除，予以收缴，并依法予以处罚

② 行政处罚

公安机关交通管理部门及其交通警察对道路交通安全违法行为的处罚种类包括：警告、罚款、暂扣或者吊销机动车驾驶证、拘留。

与 C1、C2、C3 准驾车型驾驶人相关的主要道路交通安全违法行为及具体处罚

序号	道路交通安全违法行为	处罚
1	违反道路交通安全法律、法规关于道路通行规定	处警告或者 20 元以上 200 元以下罚款
2	饮酒后驾驶机动车	处暂扣 6 个月机动车驾驶证，并处 1000 元以上 2000 元以下罚款
	因饮酒后驾驶机动车被处罚，再次饮酒后驾驶机动车	处 10 日以下拘留，并处 1000 元以上 2000 元以下罚款，吊销机动车驾驶证
	醉酒驾驶机动车	由公安机关交通管理部门约束至酒醒，吊销机动车驾驶证，依法追究刑事责任；5 年内不得重新取得机动车驾驶证
	饮酒后驾驶营运机动车	处 15 日拘留并处 5000 元罚款，吊销机动车驾驶证，5 年内不得重新取得机动车驾驶证
	醉酒驾驶营运机动车	由公安机关交通管理部门约束至酒醒，吊销机动车驾驶证，依法追究刑事责任；10 年内不得重新取得机动车驾驶证，重新取得机动车驾驶证后，不得驾驶营运机动车
	饮酒后或者醉酒驾驶机动车发生重大交通事故，构成犯罪	依法追究刑事责任，并由公安机关交通管理部门吊销机动车驾驶证，终生不得重新取得机动车驾驶证
3	违反道路交通安全法律、法规关于机动车停放、临时停车规定	指出违法行为，并予以口头警告，令其立即驶离
	机动车驾驶人不在现场或者虽在现场但拒绝立即驶离，妨碍其他车辆、行人通行	处 20 元以上 200 元以下罚款，并可以将该机动车拖移至不妨碍交通的地点或者公安机关交通管理部门指定的地点停放
4	上道路行驶的机动车未悬挂机动车号牌，未放置检验合格标志、保险标志，或者未随车携带行驶证、驾驶证	公安机关交通管理部门应当扣留机动车，通知当事人提供相应的牌证、标志或者补办相应手续，并处警告或者 20 元以上 200 元以下罚款
	故意遮挡、污损或者不按规定安装机动车号牌	处警告或者 20 元以上 200 元以下罚款

续上表

序号	道路交通安全违法行为	处　罚
5	公路客运车辆载客超过额定乘员	处200元以上500元以下罚款，由公安机关交通管理部门扣留机动车至违法状态消除
	超过额定乘员20%或者违反规定载货	处500元以上2000元以下罚款，由公安机关交通管理部门扣留机动车至违法状态消除
6	货运机动车超过核定载质	处200元以上500元以下罚款，由公安机关交通管理部门扣留机动车至违法状态消除
	超过核定载质量30%或者违反规定载客	处500元以上2000元以下罚款，由公安机关交通管理部门扣留机动车至违法状态消除
7	伪造、变造或者使用伪造、变造的机动车登记证书、号牌、行驶证、驾驶证	由公安机关交通管理部门予以收缴，扣留该机动车，处15日以下拘留，并处2000元以上5000元以下罚款；构成犯罪的，依法追究刑事责任
	伪造、变造或者使用伪造、变造的检验合格标志、保险标志	由公安机关交通管理部门予以收缴，扣留该机动车，处10日以下拘留，并处1000元以上3000元以下罚款；构成犯罪的，依法追究刑事责任
	使用其他车辆的机动车登记证书、号牌、行驶证、检验合格标志、保险标志	由公安机关交通管理部门予以收缴，扣留该机动车，处2000元以上5000元以下罚款
8	非法安装警报器、标志灯具	由公安机关交通管理部门强制拆除，予以收缴，并处200元以上2000元以下罚款
9	机动车所有人、管理人未按照国家规定投保机动车第三者责任强制保险	由公安机关交通管理部门扣留车辆至依照规定投保后，并处依照规定投保最低责任限额应缴纳的保险费的2倍罚款
10	未取得机动车驾驶证、机动车驾驶证被吊销或者机动车驾驶证被暂扣期间驾驶机动车	由公安机关交通管理部门处200元以上2000元以下罚款；可以并处15日以下拘留
	将机动车交由未取得机动车驾驶证或者机动车驾驶证被吊销、暂扣的人驾驶	由公安机关交通管理部门处200元以上2000元以下罚款；可以并处吊销机动车驾驶证
	造成交通事故后逃逸，尚不构成犯罪	由公安机关交通管理部门处200元以上2000元以下罚款；可以并处15日以下拘留
	机动车行驶超过规定时速50%	由公安机关交通管理部门处200元以上2000元以下罚款；可以并处吊销机动车驾驶证
	强迫机动车驾驶人违反道路交通安全法律、法规和机动车安全驾驶要求驾驶机动车，造成交通事故，尚不构成犯罪	由公安机关交通管理部门处200元以上2000元以下罚款；可以并处15日以下拘留
	违反交通管制的规定强行通行，不听劝阻	由公安机关交通管理部门处200元以上2000元以下罚款；可以并处15日以下拘留
	故意损毁、移动、涂改交通设施，造成危害后果，尚不构成犯罪	由公安机关交通管理部门处200元以上2000元以下罚款；可以并处15日以下拘留
	非法拦截、扣留机动车辆，不听劝阻，造成交通严重阻塞或者较大财产损失	由公安机关交通管理部门处200元以上2000元以下罚款；可以并处15日以下拘留

续上表

序号	道路交通安全违法行为	处　罚
11	驾驶拼装的机动车或者已达到报废标准的机动车上道路行驶	公安机关交通管理部门应当予以收缴，强制报废
	对驾驶拼装的机动车或者已达到报废标准的机动车上道路行驶的驾驶人	处200元以上2000元以下罚款，并吊销机动车驾驶证
	出售已达到报废标准的机动车	没收违法所得，处销售金额等额的罚款，对该机动车，公安机关交通管理部门应当予以收缴，强制报废
12	违反道路交通安全法律、法规的规定，发生重大交通事故，构成犯罪	依法追究刑事责任，并由公安机关交通管理部门吊销机动车驾驶证
	造成交通事故后逃逸	由公安机关交通管理部门吊销机动车驾驶证，且终生不得重新取得机动车驾驶证

3 刑事处罚

1）交通肇事罪

违反交通运输管理法规，因而发生重大事故，致人重伤、死亡或者使公私财产遭受重大损失的，处3年以下有期徒刑或者拘役；交通运输肇事后逃逸或者有其他特别恶劣情节的，处3年以上7年以下有期徒刑；因逃逸致人死亡的，处7年以上有期徒刑。

提示

《中华人民共和国道路交通安全法》
及实施条例规定的肇事逃逸的
其他法律责任

（1）发生交通事故后当事人逃逸的，逃逸的当事人承担全部责任。但是，有证据证明对方当事人也有过错的，可以减轻责任。当事人故意破坏、伪造现场、毁灭证据的，承担全部责任。

（2）造成交通事故后逃逸，尚不构成犯罪的，由公安机关交通管理部门处 200元以上2000元以下罚款，可以并处15 日以下拘留。

（3）违反道路交通安全法律、法规的规定，发生重大交通事故，构成犯罪的，依法追究刑事责任，并由公安机关交通管理部门吊销机动车驾驶证。造成交通事故后逃逸的，由公安机关交通管理部门吊销机动车驾驶证，且终生不得重新取得机动车驾驶证。

2）危险驾驶罪

在道路上驾驶机动车，有追逐竞驶、情节恶劣的情形或醉酒驾驶机动车的情形，处拘役，并处罚金。同时构成其他犯罪的，依照处罚较重的规定定罪处罚。

3）伪造、变造、买卖驾驶证罪

伪造、变造、买卖居民身份证、护照、社会保障卡、驾驶证等依法可以用于证明身份的证件的，处3年以下有期徒刑、拘役、管制或者剥夺政治权利，并处罚金；情节严重的，处3年以上7年以下有期徒刑，并处罚金。

在依照国家规定应当提供身份证明的活动中，使用伪造、变造的或者盗用他人的居民身份证、护照、社会保障卡、驾驶证等依法可以用于证明身份的证件，情节严重的，处拘役或者管制，并处或者单处罚金。有前款行为，同时构成其他犯罪的，依照处罚较重的规定定罪处罚。

练习题

1. 驾驶人违反交通运输管理法规发生重大事故致人死亡的处3年以上有期徒刑。（×）

试题详解： 依据《中华人民共和国刑法》第一百三十三条规定发生重大事故致人死亡没有逃逸的是处3年以下有期徒刑。

2. 驾驶人违反交通运输管理法规发生重大事故后，逃逸或者有其他特别恶劣情节的，处7年以上有期徒刑。（×）

试题详解：《中华国人民共和国刑法》第一百三十三条：违反交通运输管理法规，因而发生重大事故，致人重伤、死亡或者使公私财产遭受重大损失的，处三年以下有期徒刑或者拘役；交通运输肇事后逃逸或者有其他特别恶劣情节的，处三年以上七年以下有期徒刑；因逃逸致人死亡的，处七年以上有期徒刑。

3. 驾驶人违反交通运输管理法规发生重大事故后，因逃逸致人死亡的，处3年以上7年以下有期徒刑。（×）

试题详解： 看清题目是因逃逸致人死亡的，不是先死亡再逃逸的，所以应该是7年以上。

4. 交通警察对未放置保险标志上道路行驶的车辆可依法扣留行驶证。（×）

试题详解：《道路交通安全法》第九十五条：上道路行驶的机动车未悬挂机动车号牌，未放置检验合格标志、保险标志，或者未随车携带行驶证、驾驶证的，公安机关交通管理部门应当扣留机动车，通知当事人提供相应的牌证、标志或者补办相应手续，并可以依照本法第九十条的规定予以处罚。是扣留车辆，不是扣留行驶证。

5. 驾驶人驾驶有达到报废标准嫌疑机动车上路的，交通警察依法予以拘留。（×）

试题详解： 交警只能扣留车辆，还没达到拘留人的地步。

6. 以欺骗、贿赂等不正当手段取得驾驶证被依法撤销驾驶许可的，多长时间不得重新申请驾驶许可？

A. 3年内　　B. 终身

C. 5年内　　D. 1年内

答案： A

试题详解： 公安部139号令规定：申请人以欺骗、贿赂等不正当手段取得机动车驾驶证的，公安机关交通管理部门收缴机动车驾驶证，撤销机动车驾驶许可；申请人在三年内不得再次申领机动车驾驶证。

7. 驾驶拼装机动车上路行驶的驾驶人，除按规定接受罚款外，还要受到哪种处理？

A. 暂扣驾驶证　　B. 吊销驾驶证

C. 处10日以下拘留　　D. 追究刑事责任

答案： B

试题详解：《道路交通安全法》第一百条：驾驶拼装的机动车或已达到报废标准的机动车上路行驶的驾驶人，处200元以上2000元以下罚款，并吊销机动车驾驶证，对车辆予以收缴，强制报废。

8. 对驾驶拼装机动车上路行驶的驾驶人，会受到下列哪种处罚？

A. 依法追究刑事责任

B. 处15日以下拘留

C. 吊销机动车行驶证

D. 处200以上2000元以下罚款

答案： D

9. 下列哪种行为会受到200元以上2000元以下罚款，并处吊销机动车驾驶证？

A. 造成交通事故后逃逸

B. 超过规定时速50%

C. 驾车没带驾驶证

D. 违反道路通行规定

答案： B

10. 驾驶人违反交通运输管理法规发生重大事故致人重伤、死亡，可能会受到什么刑罚？

A. 处7年以上徒刑

B. 处3年以下徒刑或者拘役

C. 处5年以上徒刑

D. 处3年以上7年以下徒刑

答案： B

试题详解：《中华人民共和国刑法》第一百

三十三条规定违反交通运输管理法规，因而发生重大事故，致人重伤、死亡或者使公私财产遭受重大损失的，处三年以下有期徒刑或者拘役；交通运输肇事后逃逸或者有其他特别恶劣情节的，处三年以上七年以下有期徒刑；因逃逸致人死亡的，处七年以上有期徒刑。

题中只说了“违反交通运输管理法规发生重大事故致人重伤、死亡”，并无其他情节，所以是【处3年以下徒刑或者拘役】。

11. 驾驶人违反交通运输管理法规发生重大事故后，因逃逸致人死亡的，处多少年有期徒刑？

A. 3年以下　　B. 2年以下

C. 7年以上　　D. 7年以下

答案：C

试题详解：看清楚了，他是“因逃逸致人死亡”，比“致人死亡后逃逸”，情况严重，依据法规是7年以上。

12. 驾驶人有下列哪种违法行为一次记6分？

A. 使用其他车辆行驶证

B. 违法占用应急车道行驶

C. 饮酒后驾驶机动车

D. 车速超过规定时速50%以上

答案：B

试题详解：公安部139号令规定机动车驾驶人有下列违法行为之一，一次记6分：

（一）机动车驾驶证被暂扣期间驾驶机动车的；

（二）驾驶机动车违反道路交通信号灯通行的；

（三）驾驶营运客车（不包括公共汽车）、校车载人超过核定人数未达20%的，或者驾驶其他载客汽车载人超过核定人数20%以上的；

（四）驾驶中型以上载客载货汽车、校车、危险物品运输车辆在高速公路、城市快速路上行驶超过规定时速未达20%的；

（五）驾驶中型以上载客载货汽车、校车、危险物品运输车辆在高速公路、城市快速路以外的道路上行驶或者驾驶其他机动车行驶超过规定时速20%以上未达到50%的；

（六）驾驶货车载物超过核定载质量30%以上或者违反规定载客的；

（七）驾驶营运客车以外的机动车在高速公路车道内停车的；

（八）驾驶机动车在高速公路或者城市快速路上违法占用应急车道行驶的；

（九）低能见度气象条件下，驾驶机动车在高速公路上不按规定行驶的；

（十）驾驶机动车运载超限的不可解体的物品，未按指定的时间、路线、速度行驶或者未悬挂明显标志的；

（十一）驾驶机动车载运爆炸物品、易燃易爆化学物品以及剧毒、放射性等危险物品，未按指定的时间、路线、速度行驶或者未悬挂警示标志并采取必要的安全措施的；

（十二）以隐瞒、欺骗手段补领机动车驾驶证的；

（十三）连续驾驶中型以上载客汽车、危险物品运输车辆以外的机动车超过4小时未停车休息或者停车休息时间少于20分钟的；

（十四）驾驶机动车不按照规定避让校车的。

13. 交通肇事致一人以上重伤，负事故全部责任或者主要责任，并具有下列哪种行为的，构成交通肇事罪？

A. 未抢救受伤人员　　B. 未带驾驶证

C. 严重超载驾驶的　　D. 未及时报警

答案：C

试题详解：交通肇事致一人受伤（属于一般事故），负事故全部或者主要责任，并具有酒后、无证驾驶、严重超载等情形之一的，以交通肇事罪处罚。

14. 关于醉酒驾驶机动车的处罚，以下说法错误的是什么？

A. 记6分

B. 公安机关交通管理部门约束至酒醒

C. 吊销驾驶证

D. 五年内不得重新取得机动车驾驶证

答案：A

试题详解：饮酒驾驶机动车扣12分，醉酒驾驶机动车的，由公安机关交通管理部门约束至酒醒，吊销机动车驾驶证，依法追究刑事责任；5年内不得重新取得机动车驾驶证。

第六节 道路交通事故处理

一 事故现场处置与报警

在道路上发生交通事故时，驾驶人应当立即停车，保护现场；造成人身伤亡的，应当立即抢救受伤人员，并迅速报告执勤的交通警察或者公安机关交通管理部门。因抢救受伤人员变动现场的，应当标明位置。

机动车在道路上发生交通事故，妨碍交通又难以移动的，应当开启危险报警闪光灯，并在车后 50 ~ 100 米处设置警告标志，夜间还应当同时开启示廓灯和后位灯。

发生死亡事故、伤人事故的，或者发生财产损失事故且有下列情形之一的，当事人应当保护现场并立即报警：

（1）驾驶人无有效机动车驾驶证或者驾驶的机动车与驾驶证载明的准驾车型不符的；

（2）驾驶人有饮酒、服用国家管制的精神药品或者麻醉药品嫌疑的；

（3）驾驶人有从事校车业务或者旅客运输，严重超过额定乘员载客，或者严重超过规定时速行驶嫌疑的；

（4）机动车无号牌或者使用伪造、变造的号牌的；

（5）当事人不能自行移动车辆的；

（6）一方当事人离开现场的；

（7）有证据证明事故是由一方故意造成的。

驾驶人必须在确保安全的原则下，立即组织车上人员疏散到路外安全地点，避免发生次生事故。驾驶人已因道路交通事故死亡或者受伤无法行动的，车上其他人员应当自行组织疏散。

练习题

1. 驾驶机动车在道路上发生交通事故，任何情况下都应标明现场位置后，先行撤离现场。（×）

试题详解：因为根据交通安全法的规定，如果机动车在道路上面发生了事故，那么必须要马上停车保护现场，如果有人员伤亡的情况，驾驶人应该马上去抢救受伤人员。并且报告执勤的交警或交通管理部门。如果因为抢救伤员而变动了现场的话，就要表明位置。路人或过往的车辆驾驶人或乘客都应该协助帮忙。如果在道路上发生交通事故，没有造成人员伤亡的，当事人没有对事故有任何争议的，可以撤离现场恢复交通秩序，双方自行协商处理损害赔偿就行了。果说有争议的话，那么不要撤离现场，需要马上报给相关的交警来处理。

2. 车辆发生故障而无法移动时，首先应在车辆后方 50 ~ 150 米处放置危险警告标志，防止后车追尾。（×）

试题详解：应该先开启危险报警闪光灯，并在车后 50 ~ 100 米以内放置警告标志。在高速公路上，危险报警标志应放在车后 150 米外的地方

发生财产损失事故且有下列情形之一，车辆可以移动的，当事人应当组织车上人员疏散到路外安全地点，在确保安全的原则下，采取现场拍照或者标划事故车辆现场位置等方式固定证据，将车辆移至不妨碍交通的地点后报警：

（1）机动车无检验合格标志或者无保险标志的；

（2）碰撞建筑物、公共设施或者其他设施的。

载运爆炸性、易燃性、毒害性、放射性、腐蚀性、传染病病原体等危险物品车辆发生事故的，当事人应当立即报警，危险物品车辆驾驶人、押运人应当按照危险物品安全管理法律、

法规、规章以及有关操作规程的规定，采取相应的应急处置措施。

二 自行协商处理与强制撤离

机动车与机动车、机动车与非机动车发生财产损失事故，当事人应当在确保安全的原则下，采取现场拍照或者标划事故车辆现场位置等方式固定证据后，立即撤离现场，将车辆移至不妨碍交通的地点，再协商处理损害赔偿事宜。

交通警察适用简易程序处理道路交通事故时，应当在固定现场证据后，责令当事人撤离现场，恢复交通。拒不撤离现场的，予以强制撤离。当事人无法及时移动车辆影响通行和交通安全的，交通警察应当将车辆移至不妨碍交通的地点。

警示

对应当自行撤离现场而未撤离的，交通警察应当责令当事人撤离现场；造成交通堵塞的，对驾驶人处以200元罚款。

三 交通事故后报出险

驾驶机动车发生单方交通事故后，驾驶人要拍照取证并给所投保的保险公司打电话报出险。如果事故比较严重或者撞坏了公共设施，需要保护现场并立即报警，同时向保险公司报出险。

如果发生双方交通事故，适合自行协商处理的，双方拍照取证、检查证件、挪车后自行协商，达成协议后制作道路交通事故自行协商协议书，由负全责的一方向其投保的保险公司报出险（必须在48小时以内报险），事故损失由负全责一方的保险公司进行理赔或车辆修复。

如果发生不适合自行协商的双方或多方交通事故，要立即保护现场并报警，有人员伤亡时及时拨打120电话抢救伤员，同时向保险公司报出险。具体定损理赔事宜由责任方保险公司按要求进行。

四 事故责任认定与赔偿

① 事故责任认定

交通事故当事人的事故责任分为全部责任、主要责任、同等责任、次要责任、无责任：

（1）一方当事人有过错，其他当事人无过错的，有过错的一方为全部责任，无过错方为无责任；

（2）两方以上的当事人均有过错的，按照作用及过错的大小分担责任；

（3）属于交通意外事故的，各方均为无责任；

（4）发生交通事故后逃逸的，逃逸的当事人承担全部责任，但有证据证明对方当事人有过错的，可以减轻责任；

（5）发生交通事故的车辆驾驶人不按照公安机关交通管理部门的要求，拒绝或者躲避酒精、国家管制的精神药品、麻醉药品检测，有其他相关证据证明的，可以认定驾驶人饮酒、服用国家管制的精神药品或者麻醉药品后驾驶机动车，承担与此相应的责任；

（6）故意破坏、伪造现场、毁灭证据的，承担全部责任。

② 事故赔偿

机动车发生交通事故造成人身伤亡、财产损失的，由保险公司在机动车第三者责任强制保险责任限额范围内予以赔偿；不足的部分，按照下列规定承担赔偿责任：

（1）机动车之间发生交通事故的，由有过错的一方承担赔偿责任；双方都有过错的，按照各自过错的比例分担责任。

（2）机动车与非机动车驾驶人、行人之间发生交通事故，非机动车驾驶人、行人没有过错的，由机动车一方承担赔偿责任；有证据证明非机动车驾驶人、行人有过错的，根据过错程度适当减轻机动车一方的赔偿责任；机动车一方没有过错的，承担不超过10%的赔偿责任。

交通事故的损失是由非机动车驾驶人、行人故意碰撞机动车造成的，机动车一方不承担赔偿责任。

第二章 车辆知识

在接触车辆前，先了解一些车辆结构、车辆性能、运行材料及日常维护知识，熟悉主要安全装置和驾驶操纵机构的位置和作用，为随后的驾驶操作训练打下一个很好的理论基础。

第一节 车辆结构与性能

一 车辆结构

汽车通常由发动机、底盘、车身和电气设备四部分组成。

发动机：将燃料燃烧产生的热能转变为机械能，为汽车行驶提供动力。

底盘：接受发动机的动力，使汽车运动，并保证汽车按照驾驶人的操纵正常行驶。底盘主要由传动系、行驶系、转向系和制动系组成。

车身：是为乘客和货物提供空间的部件，还是车辆其他部件安装的载体。

电气设备：包括电源（蓄电池、电机及电调节器）、用电设备（如空调、刮水器、照明与信号装置等）及电子控制装置（如电控单元、网络系统等）。

汽车的基本结构

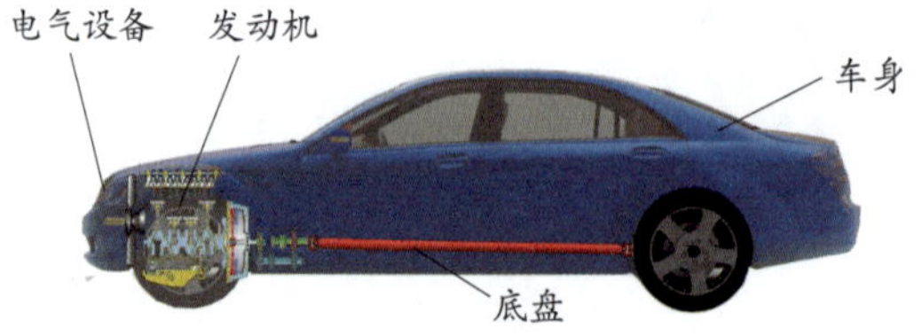

二 车辆性能

① 制动性对行车安全的影响

1）制动效能对行车安全的影响

车辆的制动效能指的是车辆迅速降低车速直至停车的能力，制动效能与制动器的制动力及路面附着力有关。制动力增大，制动效能会增强；轮胎磨损过度及制动片磨损过度时，或者在湿滑及冰雪路面行驶时，制动效能会明显变差。

2）制动效能的恒定性对行车安全的影响

制动器使用不当会产生热衰退和水衰退。制动器抵抗热衰退和水衰退的能力，称为制动效能的恒定性。

汽车高速制动或下长坡连续使用行车制动会导致制动器的热衰退，制动器温度升高而使制动效果急剧下降或出现制动失效的现象。

制动器的水衰退是指车轮涉水后，制动片与制动鼓（盘）之间因进水而形成水膜，制动效能下降。因此，车辆涉水后，应擦干被水浸湿的部位，保持低速行驶，并间断轻踩制动踏板，以恢复制动效能。

3）制动时的方向稳定性对行车安全的影响

车辆在制动过程中维持直线行驶的能力或按预定弯道行驶的能力称为制动时的方向稳定性。制动时的方向稳定性不好的主要表现有制动跑偏、制动侧滑等。

（1）制动跑偏。车辆制动过程中，自动向左或向右偏驶的现象称为制动跑偏。制动跑偏的主要原因是左右车轮制动力分配不均匀。汽车制动时跑偏会使其驶入对向车道或驶出路外、滑下山坡，造成严重交通事故。

（2）制动侧滑。车辆制动时，某一轴或两轴发生横向滑移的现象称为制动侧滑。制动侧滑的主要原因是路面湿滑、车轮抱死、制动时猛打方向等。制动侧滑（尤其后轴侧滑）会引起车辆剧烈的回转运动而失控，可能出现甩尾、掉头等危险情况，造成碰撞、翻车等恶性交通事故。

4）发动机辅助制动与行车安全

车辆行驶时，如果完全抬起加速踏板，发动机没有更多的燃料供应，转速下降，会牵制车辆的速度逐渐降低，其作用同制动相似，称为发动机辅助制动。在行驶中，尤其是下长坡时，利用发动机制动是控制车速的有效辅助方法。

② 操纵稳定性对行车安全的影响

车辆操纵稳定性是指车辆抵抗试图改变其位置或行驶方向的外界影响的能力。操纵稳定性是决定汽车高速行驶时，安全行驶的一个主要性能，被称为"高速车辆的生命线"。不良的操纵稳定性常常会导致车辆失控，引起侧滑或翻车，尤其是高速行驶时易引发恶性交通事故。操纵稳定性受车辆结构与参数、路面特性(如道路平面度、纵向和横向坡度、左右车轮性能差异）、环境（如横风）以及驾驶人操作技能等因素的影响。

③ 通过性对安全行车的影响

通过性是指汽车在一定载质量条件下，能够以足够高的平均速度通过各种坏路、无路地带和克服各种障碍的能力。车辆通过性评价指标有最小离地间隙（底盘高低）、接近角、离去角、纵向通过角、最小转弯直径、内轮差等。通过性差的车辆，在经过坡道、崎岖山路、狭窄弯道、松软地面时，容易触碰地面（如触头、托底）、转不过弯或轮胎打滑，可能导致车辆受损甚至引发事故。

第二节 车辆安全装置

一 主动安全装置

① 防抱死制动系统（ABS）

防抱死制动系统（ABS）的作用是保证机动车在紧急制动时防止车轮抱死，保持前轮转向能力，消除制动过程中的跑偏、侧滑等非稳定状态，并获得良好的制动效果。ABS 在紧急制动时可以最大限度发挥制动器效能。

安装 ABS 的车辆紧急制动时，可用力踏制动踏板，但在紧急制动的同时转向，车辆还可能发生侧滑。另外，不要依赖 ABS 缩短制动距离，尤其是在冰雪路面上紧急制动时，ABS 无法有效缩短制动距离。

② 仪表装置

在汽车的仪表板上安装有各种仪表、指示灯及报警灯，用于帮助驾驶人观察和掌握汽车及各系统的工作情况，提示异常现象和故障，以便及时消除安全隐患。

速度和里程表：速度表指示汽车行驶速度，单位为公里 / 小时 (km/h)，速度表指针所指的数字显示当前车辆的行驶速度。里程表累计行驶总里程数以公里（km）为单位；计程里程表用于记录一天或某段区间的里程数，按回零按钮至"0"位后重新开始计数。

发动机转速表：指示发动机的转速，单位为 1000 转 / 分 (×1000r/min)；转速表指针所指的数字显示当前发动机转速。发动机运转时，转速表指针不能超过红色警示区。

冷却液温度表（俗称水温表）：指示发动机冷却液的温度，单位为摄氏度（℃）。“C”表示温度低，“H”表示温度高，水温表指针所指的位置显示当前冷却液的温度。行车中冷却液温度报警灯亮，可能是缺少冷却液。

燃油表：指示油箱内的燃油量。“E”（0）表示空，“1/2”表示一半，“F”（1/1）表示满。当指针指在红色警告线以内时，提示油箱内燃油不足，需及时加油。

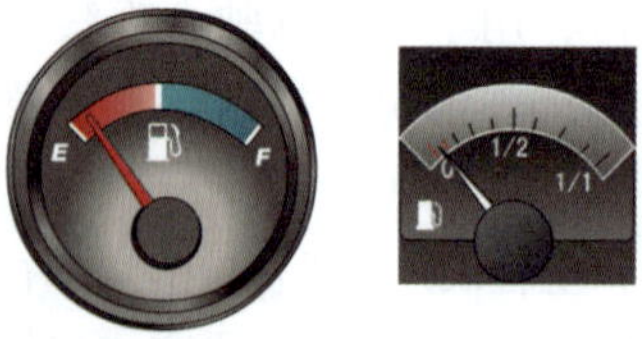

指示灯及报警灯：仪表板上的各种指示灯和报警灯亮时，提示驾驶人判断车辆各部件运行情况可能出现异常现象，应及时发现安全隐患，预防机械事故发生，保证车辆正常运行。

空气压力表（气压制动车辆）：指示储气筒内的气压值，单位为千帕或标有“AIR”字样。气压表指针所指的数字显示储气筒内的气压值，指示范围为（0 ~ 10）×100 千帕（kP）。正常行驶中，制动气压要保持在 700 ~ 900 千帕范围内，起步气压值必须达到 500 千帕。不同车型的气压值以使用说明书为准。

③ 照明与信号装置

照明与信号装置主要包括前照灯、示廓灯、雾灯、转向信号灯、制动灯、倒车灯、尾灯、牌照灯、危险报警闪光灯及喇叭等，这些灯光、信号装置对车辆行驶安全起着非常重要的作用。

前照灯（俗称大灯）：用于夜间或光线不好时的行车照明，同时提醒其他车辆注意。前照灯包含远光灯和近光灯。

示廓灯（俗称小灯）：用于夜间和特殊天气行驶时，标示汽车的宽度，提醒其他车辆注意。

雾灯：用于雾、雨、雪或风尘弥漫天气时的行车照明，并具有信号作用。

转向信号灯：在汽车起步、转弯、变更车道和停车时使用，发出交替的闪光信号，表明汽车向左或向右转向行驶。

制动灯：用于在汽车制动、减速或停车时，向车后车辆和行人发出灯光信号。

倒车灯：挂入倒挡时自动开启，主要是警示后方的车辆和行人，夜间还可起到照明作用。

尾灯（俗称后灯）：用于在夜间行驶时向后方车辆和行人标示车辆位置。

牌照灯：主要用于车辆号牌的照明，便于夜间辨别车牌号码。

危险报警闪光灯（俗称双闪）：与转向信

号灯共用同一套灯具，当汽车发生故障停车或遇到紧急情况需要处理时使用，发出交替的闪光信号，用于警告后方车辆和行人。

喇叭：车辆行驶过程中，驾驶人可根据规定和需要通过喇叭向其他车辆或行人发出声响信号；引起其他车辆和行人注意，有利于行车安全。

三角警告标志：驾车行驶中，遇到车辆故障需停车检修或者是发生交通事故时，按规定将三角警告标志牌置于车辆后方，可以提醒其他车辆注意避让，以免发生二次事故。

各种指示灯和报警灯亮的含义

亮灯标识	含　　义	亮灯标识	含　　义
	车灯总开关		冷却液不足
	前雾灯开启		发动机温度过高
	后雾灯开启		制动系统出现异常或故障
	前后位置灯（又称示廓灯）开启		充电电路故障或发电机不向蓄电池充电
	远光灯开启		发动机控制系统故障
	近光灯开启		安全气囊处于故障状态
	右转向指示灯开启		防抱死制动系统出现故障
	左转向指示灯开启		启用空气外循环
	危险报警闪光灯（故障停车信号灯）开启		启用空气内循环
	没系安全带或安全带插头未插好		启用冷风暖气风扇
	驻车制动器处于制动状态		启用地板及迎面吹风
	两侧车门开启或提示两侧车门未关闭		启用迎面吹风
	提示左侧车门未关闭		启用地板及前风窗玻璃吹风
	提示右侧车门未关闭		前风窗玻璃刮水器开关
	发动机舱盖开启		前风窗玻璃刮水器及洗涤器开关

续上表

亮灯标识	含义	亮灯标识	含义
	行李舱盖开启		后风窗玻璃刮水器及洗涤器开关
	油箱内燃油已到最低液面		车门锁住开锁开关
	发动机机油压力过低或机油量不足		儿童安全锁开关
	主车防抱死制动系统出现故障		燃油滤清器堵塞
	挂车防抱死制动系统出现故障		尿素液位过低
	排放系统故障		变速器处于低挡位置
	发动机预热装置工作		驱动防滑系统起作用
	挂车未连接上或未锁死时		变速箱故障
	辅助制动工作		变速箱油温过高
	轮间差速锁接合		缓速器工作
	轴间差速锁接合		电控空气悬架系统故障
	灯具故障或制动灯断丝		发动机冷却液水位低于规定极限时，此指示灯点亮，同时会发出蜂鸣声，当点火开关旋到OFF位置，关闭发动机，蜂鸣声就能停止
	驾驶室在翻转中或锁止不到位		集中润滑系统工作时，该指示灯点亮
	制动液液面过低		电喷发动机油水分离器中存水过多时，该指示灯点亮
	空气滤清器堵塞		车辆不在正常高度上或存在轻微故障时，该指示灯亮或闪烁
	车辆倒车时，该指示灯亮		前乘客门处于开启状态时，该指示灯亮
	卫生间水位过低时，该指示灯点亮		中乘客门处于开启状态时，该指示灯亮

续上表

亮灯标识	含义	亮灯标识	含义
	当环境温度约低于4摄氏度时，空气干燥器的加热器会自动工作，该指示灯亮；当周围温度范围在15~20摄氏度时，空气干燥器的加热器自动停止工作，该指示灯熄灭		当安全门打开时，该指示灯亮
	发动机舱门及侧舱门未关时，该指示灯亮		

④ 轮胎气压监测系统

轮胎气压不正常会导致轮胎早期磨损和爆胎。轮胎气压监测系统可以对轮胎气压、温度进行实时监测，当车辆任何一个轮胎的气压、温度出现异常时，系统即刻以声、光形式向驾驶人报警提醒。

⑤ 车载灭火器

车载灭火器专用于汽车灭火，多为手提式的，一般体积较小，随车携带，可扑灭车辆较小的初起火灾。

⑥ 辅助制动装置

1）发动机（排气）制动

很多大型柴油货车都配备了发动机排气制动辅助制动装置，即在发动机排气管上设置调节阀，通过该阀的关闭增加排气行程的压力，利用产生的负压获得制动力，以辅助制动系统降低车辆的速度。排气制动一般以手动开关启动，同时发动机转速需达到一定的值（如高于1000转/分），为了防止停车时发动机熄火和在燃油喷射时排气制动动作，踏下加速踏板或离合器踏板时，排气制动即自动解除。排气制动的正确使用可大大减少行车制动的使用，从而减少制动鼓（盘）的磨损，特别是在车辆下坡行驶时，可大大降低制动鼓（盘）连续制动过热导致的行车安全风险。

2）缓速器

缓速器是大型车辆上一种有效的辅助制动系统，通常由通过定子的工作液阻力或电磁阻力对转子形成阻力矩迫使车辆减速，进而起到制动作用。常见的有液力缓速器、电涡流缓速器。一般在汽车减速或下长坡减速时使用，可实现平稳减速，避免频繁使用行车制动造成的制动器磨损和发热。根据《机动车运行安全技术条件》（GB 7258—2012）要求，总质量大于等于12吨的货车和专项作业车、所有危险货物运输车辆应装备缓速器或其他辅助制动装置。

二 被动安全装置

① 安全头枕

座椅上安全头枕的主要作用是汽车被追尾时，能够有效保护驾驶人和乘车人的颈椎。

驾驶机动车前，应调整安全头枕高度，使头枕中心与后脑中心平齐，支撑头部，才能发挥保护作用。

② 安全带

汽车发生碰撞或紧急制动时，安全带的主要作用是减轻对驾乘人员的伤害。驾驶人、乘车人在汽车行驶前，系好安全带是最有效的自我保护方法，在遇到危险情况时可降低发生致命伤害的概率。

③ 安全气囊

安全气囊是一种驾乘人员辅助保护系统。汽车发生碰撞时，安全气囊迅速膨胀，在驾驶人、乘车人的正面形成一个气垫（安装有侧面安全气囊的，在驾驶人和乘车人侧面也会形成气垫），从而降低人体受伤害的程度。

安全气囊与安全带要配合使用才能充分发挥保护作用，如果不系安全带，气囊膨胀弹出时会对驾乘人员头部和颈部造成严重伤害，这种伤害对儿童可能是致命的。

④ 儿童安全座椅

儿童安全座椅系于汽车座位上（应当置于后排座位上），供儿童乘坐，有束缚设备，能在发生车祸时最大限度保障儿童的安全。儿童安全座椅一般要单独购买、安装。

⑤ 摩托车安全头盔

头盔用来保护驾驶人头部、面部，能防风、防雨、防雪；每个驾驶人应按照自己的头部尺寸，选用相应大小的摩托车用头盔；不同季节应选用不同类型的头盔（全盔、半盔、夏盔），最好选用颜色鲜艳、容易被人发现的头盔。

头盔与防护设备

第三节　驾驶操纵装置

一 转向盘、操纵手把

① 转向盘

转向盘是驾驶人操纵汽车行驶方向的装置，转向盘通过转向机构控制转向轮向右或向左转动，从而改变汽车行驶方向。

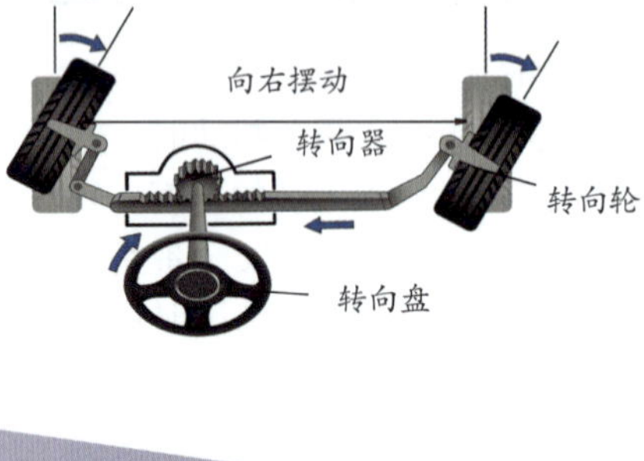

② 操纵手把

操纵手把是摩托车控制转向、加速、制动、离合器分离与接合、照明、音响等操纵机件的装置；左手控制离合器，右手控制前制动和油门。

二 离合器操纵装置

① 离合器踏板

发动机与变速器之间的动力通过离合器传递，踩下离合器踏板，离合器分离，动力被切断；抬起离合器踏板，离合器接合，动力被传递。

② 离合器握把

摩托车的离合器握把是离合器分离或接合的操纵机件，设置在操纵手把的左侧。握紧离合器握把时，离合器钢索被拉紧，离合器处于“分离”状态；放松时处于“接合”状态。

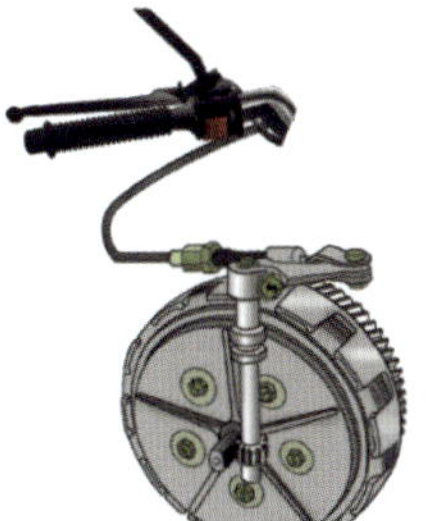

离合器握把的操纵

三 加速装置

① 加速踏板

加速踏板用于控制进入发动机汽缸内燃油和空气的量。踩下加速踏板，发动机转速提高，动力增加。

反之，抬起加速踏板，发动机转速和动力下降。

② 摩托车油门转把

摩托车油门转把设在操纵手把的右侧，通过油门钢索，控制汽油发动机的供油量。当油门转把逆时针（向内）转动时为加油，发动机转速升高。当油门转把顺时针（向外）转动时为减油，发动机转速降低。

油门转把的操纵

四 制动踏板

制动踏板是行车制动器的操纵装置，用于汽车减速和停车。踩下制动踏板，产生制动作用，抬起制动踏板，制动解除。

五 变速器操纵装置

① 手动变速器操纵杆及挡位

操纵手动变速器操纵杆，变换变速器内不同齿轮的啮合，可改变汽车的动力、速度和进退方向，使汽车加速、减速或倒车。配手动变速器的车辆一般设有 N 挡、R 挡和 5

手动变速器换挡原理

个（或6个）前进挡。

N(空挡)：不传递动力，供临时停车或换挡时使用。

R(倒车挡)：倒车时使用。

1～5（前进挡）：起步和行驶中使用。

② 自动变速器操纵杆及挡位

配自动变速器的车辆一般设有P挡、R挡、N挡、D挡、2挡、1挡（或L挡），变速器操纵杆球头上设有锁止按钮。

P（驻车挡）：驻车、起动发动机时使用。

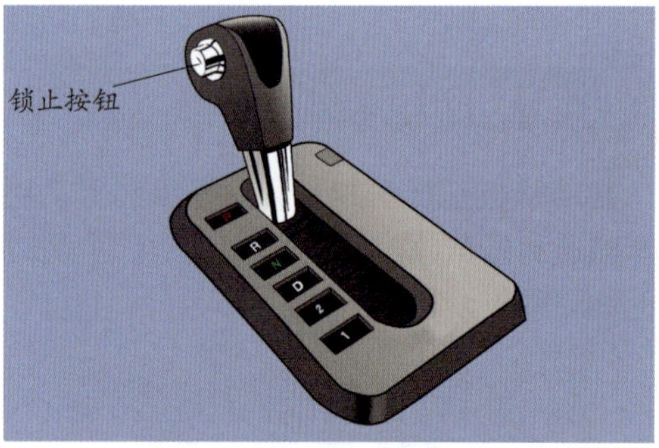

R（倒车挡）：倒车时使用。

N（空挡）：不传递动力，临时停车或换挡时使用。

D（前进挡）：正常行驶中使用。

2（二挡）：上、下长坡时使用。

1或L（低速挡）：上、下陡坡时使用。

③ 摩托车变速踏板

摩托车变速踏板设在摩托车的左侧。变速踏板通过变速机构操纵变速器齿轮进入挡位，变换车辆行驶速度。

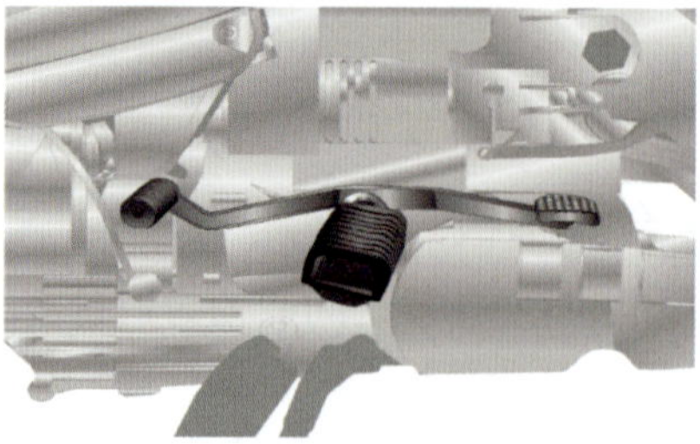

六 驻车制动器操纵装置

① 驻车制动器操纵杆（手刹）

拉紧驻车制动器操纵杆起制动作用，放下操纵杆，制动解除。

② 驻车制动踏板

踏下驻车制动器踏板，起制动作用；再次踏下驻车制动踏板，踏板自动抬起，制动解除。

七 常用开关

① 点火开关

用于接通或切断起动机、点火线路和电

器线路。点火开关一般设有 0 或 LOCK、I 或 ACC、II 或 ON、III 或 START 四个位置。

点火开关转到 III 或 START 位置，起动机起动。

点火开关转到 II 或 ON 位置，发动机工作。

点火开关转到 I 或 ACC 位置，发动机关闭，其他车用电器可正常使用。

点火开关转到 0 或 LOCK 位置，发动机关闭，拔出钥匙，转向盘会锁止。

② 电源总开关

牵引车、大型货车一般设有电源总开关，电源总开关一般位于蓄电池框上（因车型不同而有所不同），将开关顺时针旋转 90 度，即开关置于水平位置时，电源总开关接通。

③ 摩托车起动装置

起动杆用来起动发动机，一般设置在摩托车的右侧（个别类型车辆设置在摩托车左侧），用脚蹬杆起动。

④ 摩托车燃油开关

摩托车燃油开关是直接控制燃油箱内的燃油进入化油器的机件。设有“开”（ON）、“关”（OFF）和“备用”(RES)3 个位置。当主油箱燃油用完后，才打开备用开关。由于备用油量少，故须尽快加油。加油后，将开关手柄返回到“开”的位置。不用时，将手柄扳到“关”的位置，以防油管渗漏。

⑤ 刮水器与洗涤器开关

刮水器与洗涤器开关控制刮水器与洗涤器，在雨天或下雪天行驶时使用，可清除风窗玻璃上的雨雪，保证驾驶人有良好的视线。拨动开关，风窗玻璃刮水器开始工作。

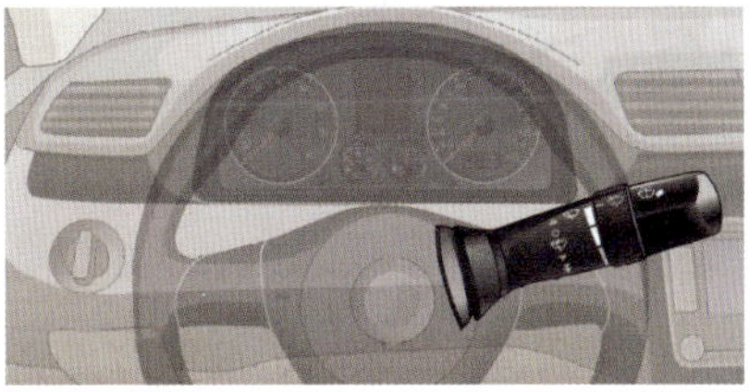

上下拨动这个开关，前风窗玻璃刮水器开始工作。

⑥ 雾灯开关

打开前雾灯开关，前雾灯指示灯和前雾灯亮；打开后雾灯开关，后雾灯指示灯和后雾灯亮。部分汽车前、后雾灯只有在示廓灯、近光灯亮时才工作。

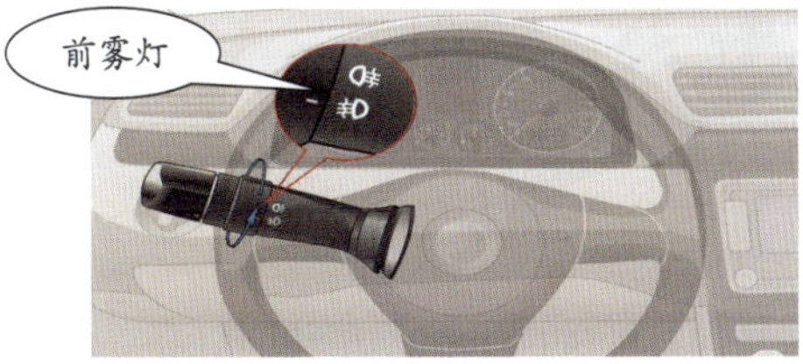

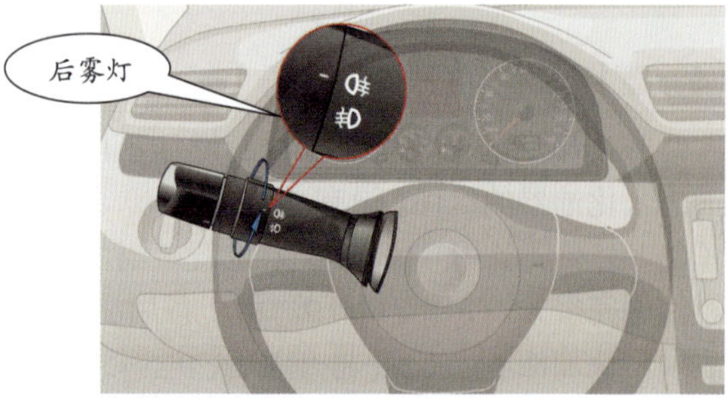

⑦ 灯光 - 信号组合开关

组合开关可控制前照灯（远光灯和近光灯）、转向灯、示廓灯和信号灯。

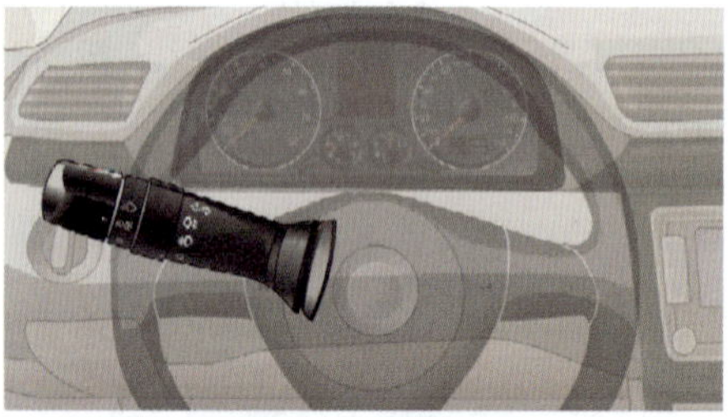

开关旋转到这个位置时，前照灯点亮。

将转向灯开关向上提，右转向灯亮。

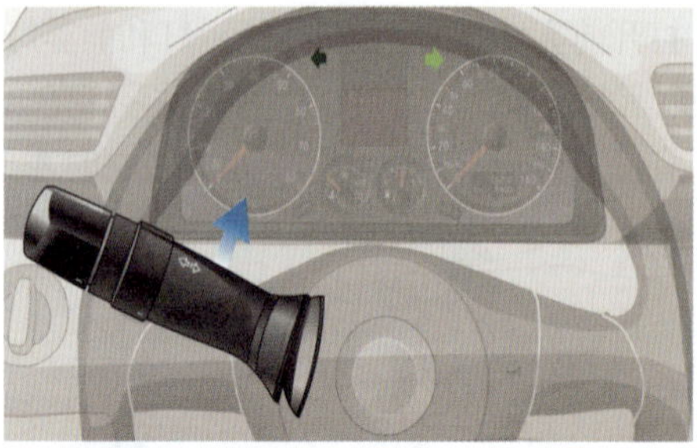

将转向灯开关向下拉，左转向灯亮。

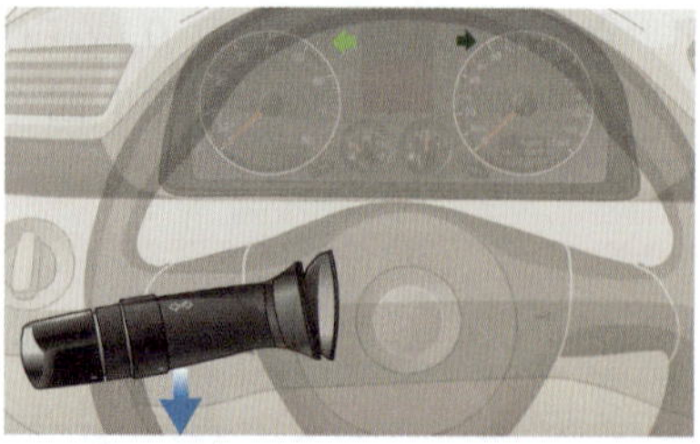

当摩托车后的前照灯变光开关位于时，前照灯为远光，当位于时，前照灯为近光。向左、右扳动摩托车转向灯开关，左、右转向灯分别开启。

⑧ 除雾器开关

除雾器开关控制汽车除雾器的工作，用于减少前、后风窗和车外后视镜表面上的湿气、雾气和霜，以改善视野。有的车型还设有风量调整钮、温度调整钮、送风开关、冷气开关。

按下除雾器开关，指示灯点亮，除雾器工作大约15分钟，超过预定时间后，除雾器将自动关闭。要手动关闭除雾器，再次按下除雾器开关即可。

按下这个开关，前风窗玻璃除霜器开始工作。

按下这个开关，后风窗玻璃除霜器开始工作。

第四节 车辆运行材料

一 汽油

从2017年1月1日起，为适应国V排放标准，我国的汽油由原来的90号、93号和97号调整为89号、92号和95号。汽油牌号越高，其抗爆燃性能越好（爆燃是发动机汽缸内的一种不正常燃烧现象）。加注汽油时，应当根据车辆使用说明书要求选用规定牌号的汽油。

二 柴油

我国现行车用柴油牌号也是国V标准，不同的是汽油牌号由辛烷值确定，而划分柴油标号的依据则是柴油的凝固点。目前，国内应用的轻柴油按凝固点分为6个牌号：5#柴油、0#柴油、-10#柴油、-20#柴油、-35#柴油和-50#柴油。加注柴油时，应当按车辆使用说明书要求根据气温选用规定牌号的柴油。

三 发动机润滑油

发动机润滑油俗称“机油”，是发动机润滑系统的工作液，可分为冬季用机油、非冬季用机油和多级机油（四季通用）三类。号数越大，机油的黏度越高，适用的气温越高。添加机油时，按照车辆使用说明书要求选用和定期更换规定牌号的机油，不同牌号的机油不能混用。

四 冷却液

冷却液是发动机冷却系统的冷却介质，是由蒸馏水与防冻剂按一定比例配制而成的。水与防冻剂的比例不同，冷却液的冰点也不同。冷却液一般呈绿色或红色。要按照车辆使用说明书要求选用和定期更换规定牌号的冷却液，不同牌号的冷却液不能混用。

五 风窗玻璃清洗液

风窗玻璃清洗液俗称“玻璃水”，主要由蒸馏水、清洁剂和酒精配制而成，可快速清除风窗玻璃上的灰尘与污渍。风窗玻璃清洗液分为夏季用和冬季用两种类型，需要添加时要根据气温情况来选用，要尽量避免混用不同牌号的清洗液。

六 轮胎

轮胎具有承担汽车质量、缓冲汽车振动和保证与地面之间的附着力等作用，现代汽车多采用充气轮胎。轮胎的气压及磨损情况关系着车辆行驶的安全性。轮胎气压过低、有裂纹或损伤时，车辆行驶中可能引起爆胎。轮胎磨损严重时会影响行车安全，需及时更换。

科目一　理论考试模拟训练

一、判断题

1. 驾驶机动车违反道路交通安全法律、法规发生交通事故属于交通违章行为。（×）

2. 这个标志的含义是提醒前方两侧行车道或路面变窄。（×）

3. 灯光开关在该位置时，前雾灯点亮。（√）

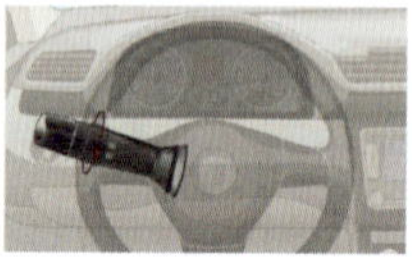

4. 专用车道规定的专用使用时间之外，其他车辆可以进入专用车道行驶。（√）

5. 车辆驶入匝道后，迅速将车速提高到每小时 60 公里以上。（×）

6. 驾驶小型载客汽车在高速公路行驶的最低车速为 90 公里 / 小时。（×）

7. 机动车驾驶证有效期分为 6 年、10 年、20 年。（×）

8. 机动车仪表板上（如图所示）亮时，提醒发动机需要补充机油。（×）

9. 驾驶机动车在没有中心线的公路上，最高速度不能超过每小时 70 公里。（×）

10. 如图所示，A 车具有优先通行权。（×）

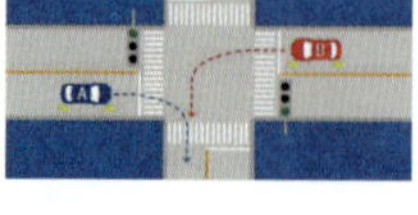

11. 驾驶机动车在道路上发生交通事故要立即将车移到路边。（×）

12. 机动车仪表板上（如图所示）亮，表示驻车制动器操纵杆可能没松到底。（×）

13. 在这段道路上一定要减少鸣喇叭的频率。（×）

14. 机动车仪表板上（如图所示）亮时，提醒发动机冷却液可能不足。（√）

15. 准驾车型为小型汽车的，可以驾驶小型自动挡载客汽车。（√）

16. 在交叉路口遇到这种情况享有优先通行权。（×）

17. 机动车发生财产损失交通事故，对应当自行撤离现场而未撤离的，交通警察不可以责令当事人撤离现场。（×）

18. 驾驶人在驾驶证核发地车辆管理所管辖区以外居住的，可以向居住地车辆管理所申请换证。（√）

19. 上路行驶的机动车未随车携带身份证的，交通警察可依法扣留机动车。（×）

20. 驾驶机动车与行人之间发生交通事故造成人身伤亡、财产损失的，机动车一方没有过错的，不承担赔偿责任。（×）

21. 驾驶机动车在没有中心线的城市道路上，最高速度不能超过每小时 50 公里。（×）

22. 驾驶人违反交通运输管理法规发生重大事故后，因逃逸致人死亡的，处 3 年以上 7 年以下有期徒刑。（×）

23. 驾驶人违反交通运输管理法规发生重大事故后，逃逸或者有其他特别恶劣情节的，处 7 年以上有期徒刑。（×）

24. 机动车登记证书、号牌、行驶证灭失、丢失或者损毁的，机动车所有人应当向居住地车辆管理所申请补领、换领。（×）

25. 在暂住地初次申领机动车驾驶证的，不能直接申领大型货车驾驶证。（×）

26. 准驾车型为小型自动挡汽车的，可以驾驶低速载货汽车。（×）

27. 这个标志的含义是表示车辆会车时，对方车辆应停车让行。（×）

28. 机动车在道路上发生故障难以移动时要在车后 50 米以内设置警告标志。（×）

29. 驾驶人违反交通运输管理法规发生重大事故致人死亡的处 3 年以上有期徒刑。（×）

30. 驾驶人驾驶有达到报废标准嫌疑机动车上路的，交通警察依法予以拘留。（×）

31. 车辆发生故障而无法移动时，首先应在车辆后方 50 ~ 150 米处放置危险警告标志，防止后车追尾。（×）

32. 年龄在 50 周岁以上的机动车驾驶人，应当每年进行一次身体检查，并向公安机关交通管理部门申报身体条件情况。（×）

33. 距离交叉路口 50 米以内的路段不能停车。（√）

34. 机动车在高速公路上发生故障时，在来车方向 50 至 100 米处设置警告标志。（×）

35. 驾驶机动车在高速公路上行驶，能见度小于 200 米时，车速不得超过每小时 60 公里。（√）

36. 车辆在高速公路发生故障不能移动时，驾驶人可以用下图的方式排除故障。（×）

37. 这辆停在路边的机动车没有违法行为。（×）

38. 驾驶机动车造成交通事故后逃逸，尚不构成犯罪的，由公安机关交通管理部门处 200 元以上 2000 元以下罚款，可以并处 15 日以下拘留。（√）

39. 机动车驾驶人造成重大交通事故后逃逸，构成犯罪的，10 年内不能申请机动车驾驶证。（×）

40. 对使用其他车辆号牌、行驶证的车辆，交通警察可依法予以扣留。（√）

二、选择题

1. 机动车在道路上变更车道需要注意什么？（B）

A. 尽快加速进入左侧车道

B. 不能影响其他车辆正常行驶

C. 进入左侧车道时适当减速

D. 开启转向灯迅速向左转向

2. 这个路面标记是何含义？　（D）

A. 最低限速为 100 公里 / 小时

B. 平均速度为 100 公里 / 小时

C. 解除 100 公里 / 小时限速

D. 最高限速为 100 公里 / 小时

3. 这个标志是何含义？　（C）

A. 允许长时停车　B. 禁止临时停车

C. 禁止长时停车　D. 禁止停放车辆

4. 准驾车型为小型汽车的，可以驾驶下列哪种车辆？　（A）

A. 低速载货汽车　B. 中型客车

C. 三轮摩托车　D. 轮式自行机械车

5. 这个标志是何含义？　（B）

A. 最高限速 50 公里 / 小时

B. 最低限速 50 公里 / 小时

C. 水平高度 50 米

D. 海拔高度 50 米

6. 这个导向箭头是何含义？　（A）

A. 提示前方有左弯或需向左合流

B. 提示前方有右弯或需向右合流

C. 提示前方右侧有障碍需向左合流

D. 提示前方有左弯或需向左绕行

7. 这种黄黑相间的倾斜线条是什么标记？（D）

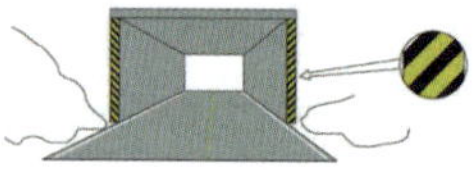

A. 减速标记　B. 实体标记

C. 突起标记　D. 立面标记

8. 这个标志是何含义？　（C）

A. 高速公路界牌编号

B. 高速公路里程编号

C. 高速公路命名编号

D. 高速公路路段编号

9. 在这条公路上行驶的最高速度不能超过多少？　（D）

A.30 公里 / 小时　B.40 公里 / 小时

C.50 公里 / 小时　D.70 公里 / 小时

10. 行车中仪表板上（如图所示）亮表示什么？　（B）

A. 发动机温度过低

B. 发动机温度过高

C. 发动机冷却系故障

D. 发动机润滑系故障

11. 驾驶机动车在没有道路中心线的狭窄山路怎样会车？　（A）

A. 不靠山体的一方先行

B. 靠山体的一方先行

C. 重车让空车先行

D. 速度慢的先行

12. 这个标志是何含义？（B）

A. 高速公路特殊天气最高速度

B. 高速公路特殊天气建议速度

C. 高速公路特殊天气最低速度

D. 高速公路特殊天气平均速度

13. 如图所示，在高速公路同方向三条机动车道中间车道行驶，车速不能低于多少？（B）

A.100 公里 / 小时　B.90 公里 / 小时

C .110 公里 / 小时　D.60 公里 / 小时

14. 上道路行驶的机动车有哪种情形交通警察可依法扣留车辆？（D）

A. 未携带机动车登记证书

B. 未携带保险合同

C. 未放置城市环保标志

D. 未放置保险标志

15. 机动车登记证书、号牌、行驶证灭失、丢失或者损毁的，机动车所有人应当向哪个部门申请补领、换领。（C）

A. 住地交警支队车辆管理所

B. 驾驶证核发地车辆管理所

C. 登记地车辆管理所

D. 当地公安局

16. 路中两条双黄色虚线是什么标线？（C）

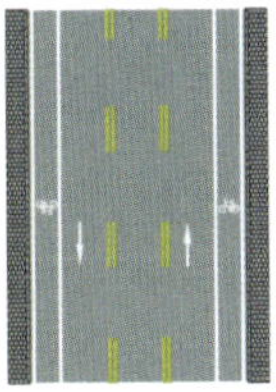

A. 单向分道线　B. 可跨越分道线

C. 潮汐车道线　D. 双向分道线

17. 对驾驶已达到报废标准的机动车上路行驶的驾驶人，会受到下列哪种处罚？（D）

A. 处 20 以上 200 元以下罚款

B. 追究刑事责任

C. 处 15 日以下拘留

D. 吊销机动车驾驶证

18. 这样在路边临时停放机动车有什么违法行为？（B）

A. 在非机动车道停车

B. 在人行横道上停车

C. 距离路边超过 30 厘米

D. 在有禁停标线路段停车

19. 初次申领的机动车驾驶证的有效期为多少年？（C）

A.3 年　B.5 年　C.6 年　D.12 年

20. 这是什么踏板？（C）

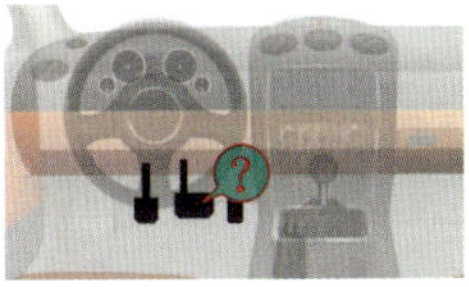

A. 加速踏板　B. 离合器踏板

C. 制动踏板　D. 驻车制动器踏板

21. 机动车仪表板上（如图所示）亮表示什么？（A）

A. 前雾灯打开　B. 后雾灯打开

C. 前照灯近光打开　D. 前照灯远光打开

22. 有下列哪种违法行为的机动车驾驶人将被一次记12分？（A）

A. 驾驶故意污损号牌的机动车上道路行驶

B. 机动车驾驶证被暂扣期间驾驶机动车的

C. 以隐瞒、欺骗手段补领机动车驾驶证的

D. 驾驶机动车不按照规定避让校车的

23. 在学习驾驶证明的有效期内，科目二和科目三道路驾驶技能考试预约次数不得超过多少次？（C）

A. 3次　B. 4次　C. 5次　D. 6次

24. 找出这辆故障车有哪种违法行为？（A）

A. 没有设置警告标志

B. 没有开启危险报警闪光灯

C. 没有将车停到路边

D. 没有立即排除故障

25. 机动车仪表板上（如图所示）亮表示什么？（D）

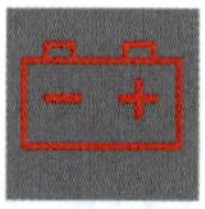

A. 充电电流过大　B. 蓄电池损坏

C. 电流表故障　D. 充电电路故障

26. 申请小型汽车准驾车型驾驶证的人年龄条件是多少？（B）

A. 18周岁以上60周岁以下

B. 18周岁以上70周岁以下

C. 21周岁以上50周岁以下

D. 24周岁以上70周岁以下

27. 防抱死制动系统（ABS）在什么情况下可以最大限度发挥制动器效能？（C）

A. 间歇制动　B. 持续制动

C. 紧急制动　D. 缓踏制动踏板

28. 3年内有下列哪种行为的人不得申请机动车驾驶证？（D）

A. 注射胰岛素　B. 酒醉经历

C. 吸烟成瘾　D. 注射毒品

29. 下列哪种行为会受到200元以上2000元以下罚款，并处吊销机动车驾驶证？（B）

A. 违反道路通行规定

B. 超过规定时速50%

C. 造成交通事故后逃逸

D. 驾车没带驾驶证

30. 对驾驶拼装机动车上路行驶的驾驶人，会受到下列哪种处罚？（B）

A. 依法追究刑事责任

B. 处200元以上2000元以下罚款

C. 吊销机动车行驶证

D. 处15日以下拘留

31. 驾驶人违反交通运输管理法规发生重大事故致人重伤、死亡，可能会受到什么刑罚？（A）

A. 处3年以下徒刑或者拘役

B. 处3年以上7年以下徒刑

C. 处5年以上徒刑

D. 处7年以上徒刑

32. 以欺骗、贿赂等不正当手段取得驾驶证被依法撤销驾驶许可的，多长时间不得重新申请驾驶许可？（A）

A.3年内　B. 终身　C. 1年内　D. 5年内

33. 驾驶人有下列哪种违法行为一次记6分？（D）

A. 饮酒后驾驶机动车

B. 使用其他车辆行驶证

C. 车速超过规定时速50%以上

D. 违法占用应急车道行驶

34. 机动车驾驶人有以下哪种违法行为的，暂扣六个月机动车驾驶证？（C）

A. 醉酒后驾驶机动车的

B. 伪造、变造机动车驾驶证的

C. 饮酒后驾驶机动车的

D. 使用伪造、变造机动车驾驶证的

35. 持小型汽车驾驶证的驾驶人在下列哪种情况下需要接受审验？（B）

A. 一个记分周期末

B. 有效期满换发驾驶证时

C. 记分周期末满分

D. 记分周期满 12 分

36. 关于醉酒驾驶机动车的处罚，以下说法错误的是什么？（D）

A. 公安机关交通管理部门约束至酒醒

B. 吊销驾驶证

C. 五年内不得重新取得机动车驾驶证

D. 记 6 分

37. 机动车仪表板上（如图所示）亮表示什么？（D）

A. 制动液不足　　B. 洗涤液不足

C. 冷却系故障　　D. 冷却液不足

38. 驾驶机动车通过铁路道口时，最高速度不能超过多少？（C）

A. 15 公里 / 小时　　B. 20 公里 / 小时

C. 30 公里 / 小时　　D. 40 公里 / 小时

39. 这一组交通警察手势是什么信号？（A）

A. 右转弯信号

B. 减速慢行信号

C. 左转弯待转信号

D. 靠边停车信号

40. 这种白色矩形标线框含义是什么？（B）

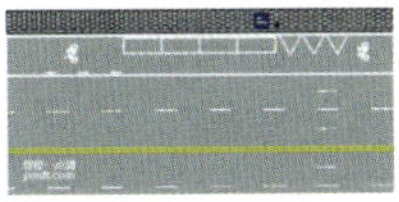

A. 出租车专用上下客停车位

B. 平行式停车位

C. 倾斜式停车位

D. 垂直式停车位

41. 路面上的菱形块虚线是何含义？（A）

A. 车行道纵向减速标线

B. 道路施工提示标线

C. 车行道横向减速标线

D. 道变少提示标线

42. 这一组交通警察手势是什么信号？（B）

A. 左转弯信号　　B. 停止信号

C. 右转弯信号　　D. 靠边停车信号

43. 驾驶机动车时接打电话容易引发事故，以下原因错误的是什么？（C）

A. 单手握方向盘，对机动车控制力下降

B. 驾驶人注意力不集中，不能及时判断危险

C. 电话的信号会对汽车电子设备的运行造成干扰

D. 驾驶人对路况观察不到位，容易导致操作失误

44. 在距这段路多少米以内的路段不能停放机动车？（D）

A. 5 米以内　　B. 10 米以内

C. 30 米以内　　D. 50 米以内

45. 驾驶机动车行经市区下列哪种道路时不得超车？（D）

A. 主要街道　　B. 单向行驶路段

C. 单向两条行车道　　D. 交通流量大的路段

46. 这个标志是何含义？（C）

A. 小型汽车专用车道
B. 机动车专用车道
C. 多乘员车辆专用车道
D. 出租汽车专用车道

47. 这个标志是何含义？（D）

A. 左侧通行　B. 不准通行
C. 两侧通行　D. 右侧通行

48. 驾驶人在驾驶证有效期满前多长时间申请换证？（C）

A. 30 日内　B. 60 日内
C. 90 日内　D. 6 个月内

49. 申请人在考试过程中有贿赂、舞弊行为的，申请人在多少年内不得再次申领机动车驾驶证？（A）

A. 1 年　B. 2 年　C. 3 年　D. 4 年

50. 以下哪种行为的机动车驾驶人将被一次记 12 分？（D）

A. 驾驶机动车不按规定避让校车的
B. 驾驶证被暂扣期间驾驶机动车的
C. 驾驶机动车违反道路交通信号灯通行的
D. 驾驶与准驾车型不符的机动车的

51. 驾驶拼装机动车上路行驶的驾驶人，除按规定接受罚款外，还要受到哪种处理？（B）

A. 暂扣驾驶证
B. 吊销驾驶证
C. 追究刑事责任
D. 处 10 日以下拘留

52. 驾驶人违反交通运输管理法规发生重大事故使公私财产遭受重大损失，可能会受到什么刑罚？（B）

A. 处 5 年以上徒刑
B. 处 3 年以下徒刑或者拘役
C. 处 3 年以上徒刑
D. 处 3 年以上 7 年以下徒刑

53. 驾驶人违反交通运输管理法规发生重大事故致人死亡且逃逸的，处多少年有期徒刑？（C）

A. 7 年以上
B. 3 年以下
C. 3 年以上 7 年以下
D. 10 年以上

54. 驾驶机动车在道路上追逐竞驶，情节恶劣，会受到什么处罚？（D）

A. 处 6 个月徒刑
B. 处 1 年以上徒刑
C. 处管制，并处罚金
D. 处拘役，并处罚金

55. 醉酒驾驶机动车在道路上行驶会受到什么处罚？（C）

A. 处管制，并处罚金
B. 处 2 年以上徒刑
C. 处拘役，并处罚金
D. 处 2 年以下徒刑

56. 在道路上发生未造成人员伤亡且无争议的轻微交通事故如何处置？（C）

A. 不要移动车辆
B. 疏导其他车辆绕行
C. 撤离现场自行协商
D. 保护好现场再协商

57. 驾驶机动车发生交通事故未造成人身伤亡的，责任明确双方无争议时，应当如何处置？（D）

A. 保护好现场再协商
B. 不要移动车辆
C. 疏导其他车辆绕行
D. 撤离现场自行协商

58. 如图所示，A 车货物掉落，导致 B 车与掉落货物发生碰撞，以下说法正确的是什么？（B）

A. B 车自负责任

B. A 车负全部责任

C. 各负一半责任

D. 偶然事件，不可避免

59. 在下图所示的交通事故中，有关事故责任认定，正确的说法是什么？（A）

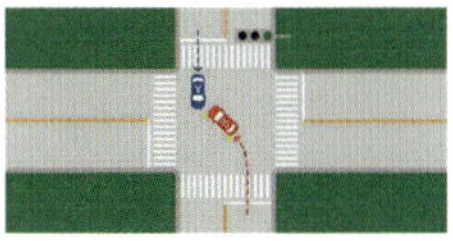

A. B 车不得妨碍被放行的直行车辆，所以 B 车负全责

B. B 车违反交通信号，所以 B 负全责

C. 直行车辆不得妨碍左转车辆，所以 A 车负全责

D. 右侧方向的车辆具有优先通行权，故 B 车负全责

60. 如图所示，在这起交通事故中，以下说法正确的是什么？（A）

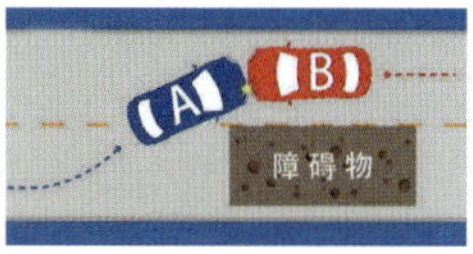

A. A 车负全部责任

B. B 车负全部责任

C. 各负一半的责任

D. B 车负主要责任

第三章 安全文明驾驶

驾驶人驾驶机动车上路行驶，要保证自己始终处于良好的驾驶状态，学会预测和识别行车中的危险，掌握安全驾驶技能，提高安全行车意识，增强文明驾驶素养。

第一节 车辆日常检查与维护

车辆日常维护是保证车辆正常运行的基础，以清洁、补给和安全检视为中心内容，车辆日常维护一般由驾驶人完成。行车前，驾驶人应该对汽车进行相关检查。

将车辆停在平坦的地方，起动前应检查冷却液、发动机机油、燃油等是否有渗漏现象。仔细巡视车辆四周的状况，观察车底和车身周围是否有障碍物，上车后起动车辆，观察仪表，检查车辆工作是否正常。

机动车应定期检查轮胎、及时清理轮胎沟槽内的异物、更换有裂纹或损伤的轮胎，出车前应对轮胎的紧固和气压进行检查。各轮胎气压不一致时，容易加剧磨损，造成爆胎、油耗增大、操纵失控。如果轮胎胎侧顺线出现裂口，应及时更换轮胎，因为使用有裂纹或损伤的轮胎容易引起爆胎。车辆行驶前的检查内容见下表。

车辆行驶前的检查

项　目	检 查 方 法
灯光	查看所有灯光装置的外观和工作情况；有脏污及时清洗，有损坏及时更换
轮胎	检查轮胎气压，气压不足要及时充气；检查轮胎侧面的磨损标记“▲”，磨损标记处沟槽深度小于1.6毫米时要立即更换；轮胎有裂纹或损伤要及时检修；轮胎沟槽内有异物的，要清除异物
机油	发动机起动前，拔出机油尺查看，机油高度要在上限（MAX）和下限（MIN）之间，低于下限时，按照车辆使用说明书规定的牌号添加
冷却液	检查液面高度，要在上限（MAX）和下限（MIN）之间，低于下限时，按照车辆使用说明书规定的牌号添加
风窗玻璃清洗液	打开储液罐盖，观察风窗玻璃清洗液液面高度；需要添加时注意防止杂质混入
制动液	检查液面高度，要在上限（MAX）和下限（MIN）之间；制动液明显减少时，检查液压管路是否有渗漏

第二节 安全驾驶状态

一 杜绝吸毒驾驶

吸毒后，人的精神会极度亢奋，甚至出现幻觉、妄想，感觉脱离现实场景，判断能力下降甚至完全丧失，操作动作也会出现错乱，绝对不允许驾车。当毒瘾（或药瘾）发作后，人更是无法控制自己的情绪和行为。因此，应坚决杜绝吸毒驾驶这种严重的违法行为。

我国《机动车驾驶证申领和使用规定》中明确规定：“三年内有吸食、注射毒品行为或者解除强制隔离戒毒措施未满三年，或者长期服用依赖性精神药品成瘾尚未戒除的”人不得申领机动车驾驶证。驾驶人如果在取得驾驶证后开始吸毒或长期服用依赖性精神药品成瘾的，应该注销驾驶证，绝对不能驾驶机动车上路行驶。

二 严禁酒后驾驶

酒精会麻醉、抑制人的中枢神经系统，使人产生头晕、困倦等症状，会对驾驶人的注意力、判断力、操作能力和驾驶心理都产生不利影响。因此，为了自己和他人的安全，驾驶人一定要做到：喝酒不开车，开车不喝酒。

在我国，当驾驶人血液中的酒精含量大于或等于20毫克/100毫升，小于80毫克/100毫升时，就是酒后驾驶；当驾驶人血液中的酒精含量大于或等于80毫克/100毫升时，就是醉酒驾驶。醉酒驾驶触犯的是刑法，会受到刑事处罚。

三 防止疲劳驾驶

① 疲劳对驾驶人的影响

人在睡眠不足或从事其他劳动强度大的工作后驾车、长时间连续驾驶或者在驾驶环境差的情况下驾车，容易产生疲劳，此时驾驶人的判断能力下降、反应迟钝、操作失误增加甚至失去对车辆的控制能力，很容易导致交通事故。

② 预防疲劳驾驶的措施

（1）注意劳逸结合。驾驶人平时要注意劳逸结合，保证充足、高质量的睡眠。一天行车时间不要超过8小时；用餐不宜过饱，午后或饭后，要注意适当休息；深夜行车不得连续超过2天；需连续行车时，要与他人轮流驾驶，同时注意连续驾驶不得超过4小时。

（2）驾车中感觉疲劳时，要注意休息。稍感疲劳时，可以听听音乐、广播或与车内乘员聊聊天，但一定不要分散太多注意力，这只适合短时间的调节。当驾车过程中感觉轻微疲劳时，应停车休息片刻；当感觉非常疲劳时，一定要停车作长时间的休息。

练习题

下列做法哪些可以有效避免驾驶疲劳？

A. 连续驾驶不超过4小时

B. 用餐不宜过饱

C. 保持良好的睡眠

D. 餐后适当休息后驾车

答案：ABCD

四 注意疾病和药物的影响

驾驶人患有一些常见疾病或慢性病时，在发病期内，要避免开车。因为驾驶人在生病状态下开车，注意力和反应力会大大降低，动作变得不协调，准确性也会下降。此外，慢性疾病同样也会增加发生交通事故的可能性。

当驾驶人因疾病服用药物时，一定要了解所服药物如何正确服用，是否会有影响驾驶的副作用，避免药物对驾驶人的心理、生理产生不良影响，妨碍安全行车。驾驶人在服药期间最好不要驾车。

五 做好情绪管理

① 驾驶人心理特点对安全行车的影响

驾驶人的心理活动与行车安全有着密切的关系，良好的心理活动是安全行车的关键因素。根据心理学知识，不同性格的人在驾驶时表现的心理活动不同，对安全行车的影响也不同。驾驶人要根据自己的性格特点，适时地调整自己，不断克服性格上的弱点，弥补不足，减少错误行为，最大限度地保证行车安全。

② 驾驶情绪对安全驾驶的影响

驾驶人在心情愉快、高兴、满意时，反应灵敏度高，行车精力充沛、精神集中，观察分析情况灵敏果断、操作迅速准确，有助于保证行车安全。

当驾驶人有生气、厌恶、愤怒情绪时，常常采用超速、抢行等行为进行发泄，同时对他人的驾驶行为不能宽容对待，容易诱发攻击性驾驶，使驾驶行为充满危险和暴力，对安全行车极为不利。

当驾驶人感觉到恐惧、忧愁、悲哀或压抑时，感受能力降低、注意力分散、无精打采、反应迟钝、操作迟缓、时有失误，引发交通事故的概率增大。

因此驾驶人要做好情绪管理，保持心情舒畅，避免在心情、情绪不佳时驾驶车辆；在驾驶过程中出现不良情绪时，要努力控制自己的情绪、平静心境、放松心情，做到心态平和、安全行车。

六 避免分心驾驶

分心驾驶，违背了安全驾驶的“集中注意力”这个黄金原则，对安全行车非常不利。分心驾驶的危害在于，一是驾驶人注意力分散、视线离开路面，无法提前观察或自然忽略道路交通中的信息；二是会引起驾驶姿势或操作动作的变化，不利于安全平稳操纵车辆。

驾驶人分心时，无法专注于观察和判断道路上的交通情况，本应能提前发现和避免的险情就成了驾驶人眼中的“突然情况”。如果分心驾驶时眼睛有 2 秒的时间离开路面，当车速为 60 公里 / 小时时，则相当于驾驶人盲开了 33 米的距离，如果驾驶人的手再离开转向盘或有其他姿势、位置的变化，车辆很容易失控，这是相当危险的。

第三节　危险源的识别与预防

一 常见危险源

行车中的危险源是指在道路上可能导致交通事故，造成驾乘人员伤亡、财产损失、交通环境破坏的根源或状态。常见的危险源大体可分为三类：人的不安全行为、车辆的不安全状态、道路及环境的不安全因素，常见危险源种类见下表。

常见危险源的种类

危险源种类	细　分	常见危险源
人的不安全行为	驾驶人的不安全行为	（1）本车和其他车辆驾驶人的违法和不文明驾驶行为，如超速行驶、疲劳驾驶、不遵守交通信号等； （2）因技能不熟练引起的操作错误或情况判断失误导致的操作不当引起的危险，如将加速踏板误当成制动踏板，紧急情况处理不当等
	其他交通参与者的不安全行为	主要是其他交通参与者不遵守交通规则和复杂多变的交通行为引起的危险，如行人和非机动车闯红灯、行人突然横穿道路等

续上表

危险源种类	细　分	常见危险源
车的不安全状态	机动车的不安全状态	主要是车辆的安全技术条件不符合标准引起的危险，如车辆照明及信号装置故障、制动失灵等
	车内物品的不安全状态	主要是由于车内物品放置不当或装载不安全物品、装载不合规定引起的危险，如车辆超员、载物超重超限等
道路及环境的不安全因素	道路条件复杂	主要是复杂道路条件引起的危险，如城市复杂交叉路口、山区道路、隧道等
	天气状况及环境不佳	主要是夜间和雨、雪、雾及风沙天气带来的交通环境恶化带来的驾驶风险

二 行车视距与动视力

行车视距是指驾驶人在驾驶过程中的可视距离，它是公路设计中的专用术语，是影响交通安全的重要因素，主要包括停车视距、会车视距和超车视距。停车视距、会车视距和超车视距均为完成这些相应动作的最短距离，它与车辆速度成正比，即车速越高，行车视距要求越长。一旦行车视距受到障碍物遮挡，驾驶人一定要降低车速或避免会车、超车等驾驶动作。

动视力是驾驶人在行车时的视力，它会随着车速的提高而降低，当车速过高时，驾驶人不易看清前方道路和周围的情况。一般情况下，驾驶人的动视力比静止时低 10% ~ 20%，有时甚至低 30% ~ 40%。例如，车速为 60 公里 / 小时时，驾驶人可以看清前方 240 米处的交通标志；当车速提高到 80 公里 / 小时时，则连前方 160 米处的交通标志都看不清。此外，驾驶人年龄越大，动视力比静止时的视力下降得越多。

三 车辆盲区

驾驶人坐在驾驶座位上，观察不到的路面区域叫汽车盲区。汽车盲区主要有车头前部盲区、车身立柱盲区、外后视镜盲区和车辆后部盲区。其中，外后视镜盲区范围是从车后门开始向外侧展开约 30° 以外的区域。汽车盲区大小与车身、座椅的高度、车头的长度、驾驶人的身材及后视镜的调整角度等都有关系。驾驶人应充分利用调整后视镜位置、扭头和回头观察及车内辅助影像系统来消除盲区的影响。

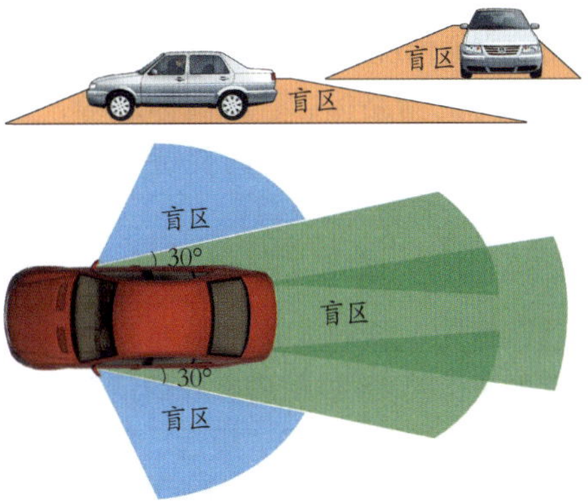

四 内外轮差

车辆转弯时，后轮并不是沿着前轮的轨迹行驶。弯道内侧前轮转弯半径与后轮转弯半径之差叫内轮差；弯道外侧前轮转弯半径与后轮转弯半径之差叫外轮差。车身越长，内、外轮差越大。行车中如果只注意前轮能够通过而忘记内外轮差，就可能造成后轮驶出路面或与其他物体碰撞的事故。

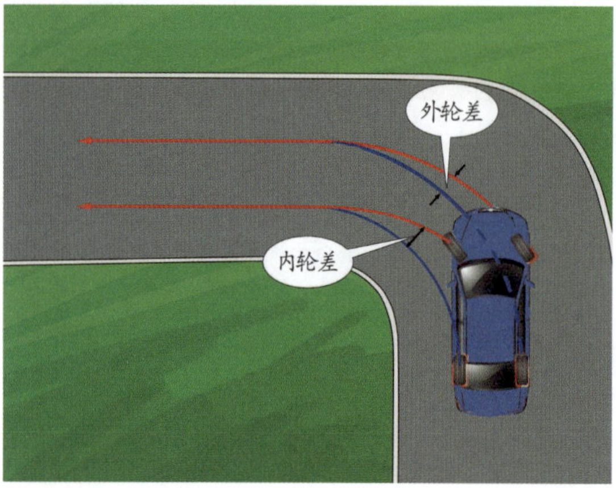

五 行车观察方法

行车时，要采用安全的行车观察方法，全面观察车辆周围的交通状况，及时发现险情，提前做好应对。

（1）既看“天”又看“地”。驾车时不仅要看路面交通情况，还要注意道路上方的情况，如道路上方的指路标志、限高标志等，尤其是经过立交桥、涵洞、隧道时要特别注意观察上方交通标志、顶部障碍等；

（2）望远、看中、顾近。行车中要保证足够的行车视距，驾驶人要放眼远方，最好能看到前方等速行驶 15 秒距离以外的情况，同时兼顾近处的交通情况，做到“望远、看中、顾近”，以获取最全面的交通信息，提前发现险情；

（3）视线灵活、扫视周围。行车中眼睛不要长时间集中观察某一物体，要不时转动眼睛或头部扫视周围环境，扩大视野范围，同时要善于利用余光感知周围交通信息；

（4）瞻前顾后。行车中，驾驶人要每隔不超过 20 秒观察一次后视镜，了解后方交通情况；

（5）消除盲区影响。驾驶人在变更车道、转弯时，要注意通过左右侧头、前后探头或调整姿势等方式进行观察，以消除外后视镜盲区及车辆两侧立柱前后盲区的影响。

六 潜在危险识别与预防

1 典型潜在危险识别

行车中，驾驶人要牢记“谨慎驾驶”的三条黄金原则：集中注意力、仔细观察和提前预防。驾驶人要通过仔细观察道路及周围交通环境，提前识别行车中的潜在危险，主动预防可能发生的险情。下面列出几种典型的潜在危险供驾驶人学习如何识别潜在危险。

（1）跟车时，前车可能会突然减速停车；

（2）路面有皮球滚出时，后面可能有儿童追逐皮球突然跑到路中；

（3）行经积水路时，右前方向左侧头的骑车人可能向左转弯至道路中央或道路左侧；

（4）小区内路口被建筑物遮挡，路口可能有行人或非机动突然出现；

（5）路口左侧停驶的车辆前可能会有行人横过道路；

（6）公交车站内停止的公交车前可能会有行人穿行；

（7）路侧开启危险报警闪光灯的前车可能突然开启车门；

（8）前方弯道盲区内可能有停驶的车辆、落石等；

其他常见交通场景中的潜在危险见下表。

常见交通场景中的潜在危险

序号	交通场景	可能存在的潜在危险
1	跟车	（1）前方异常行驶车辆的驾驶人可能存在酒驾、毒驾或疲劳驾驶等； （2）跟随大型车行驶要注意信号灯的变化和被其遮挡视线的区域中可能有险情； （3）后车跟车过近时，采用轻踩制动踏板的方式来警示后车或者减速靠右让行
2	直行通过交叉路口	（1）等红灯时要关注周围车辆动向，预防前车溜车、转弯车辆刷蹭及后方车辆可能带来的危险； （2）红灯变绿灯时不要着急起步，相交的道路上可能有未完成通行或抢行的车辆，右侧车辆前方遮挡的区域可能还有行人、非机动车正在通过； （3）绿灯亮时不代表路口安全，要预防其他车辆、行人和非机动车的违法行为
3	路口左转弯	（1）前面大型车遮挡的区域或车辆左侧立柱盲区内可能有行人； （2）其他车道的车辆可能超越自己抢先左转弯； （3）对向车道车辆侧方可能遮挡有非机动车或行人； （4）对向车道右转弯车辆可能不让行
4	路口右转弯	（1）右侧可能有直行的非机动车和行人； （2）可能会有非机动车、行人闯入车辆右侧的内轮差区域； （3）路边建筑物或停放的车辆造成的盲区内可能有行人或非机动车； （4）相邻车道的车辆可能超越本车抢先右转弯； （5）前面大型车可能先向左侧转向再进行右转弯操作

续上表

序号	交通场景	可能存在的潜在危险
5	通过环岛	（1）可能遇到不让行而强行驶入环岛的车辆； （2）刚驶入环岛的车辆可能占据外侧车道，妨碍本车变道驶出； （3）最内侧车道的车辆可能急减速或突然变道为驶出环岛做准备； （4）外侧车道的前车驶出环岛时可能减速过急
6	超车	（1）避免与被超车、对向来车在某一处构成“三点一线”的情况； （2）后车可能也正准备超车； （3）大型车前方可能没有驶回原车道的空间； （4）对向驶来的大型车后可能遮挡有其他车辆，不要着急超车
7	靠边停车	（1）右后侧可能有快速驶来的非机动车； （2）开门时左后视镜盲区中有行进的非机动车和摩托车

2 潜在危险预防方法

为了保证安全行车，驾驶人应养成行车前检查车辆的好习惯，确保车辆安全技术性能良好。在行车中，驾驶人要遵守交通规则，文明礼让驾驶，同时要采用预见性的驾驶方法预防潜在危险。预见性驾驶要做到以下三点：

（1）环顾周围环境，灵活观察盲区。行车中，驾驶人要不停地环顾周围交通情况，灵活变换视野，既要注意地面和车辆前上方的情况，也要注意借助后视镜和调整头部位置的方式观察后方及两侧盲区中的情况，最大范围地了解车辆周围的交通情况。

（2）保持安全距离，预留缓冲空间。驾驶时，要注意与周围车辆、行人等之间保证足够的纵向和横向安全距离，为自己预留出足够的反应时间和安全空间。

（3）及时沟通信息，提示他人注意。驾驶人要充分借助喇叭、车辆照明及信号装置向其他交通参与者发出信号，表明自己的行驶意图和行驶状态，让他人及时地注意到自己。

练习题

1. 在行驶中，驾驶人在注意与前车保持安全距离的同时，也要谨慎制动，防止被后车追尾。（√）

2. 前方遇有大型拉土（石）货车，应当尽量远离，避让。（√）

3. 驾驶机动车超车时遇到这样的情况怎样保证安全？

A. 减速保持安全距离

B. 连续鸣喇叭提示

C. 保持距离加速通过

D. 占用对向车道超越

答案： A

试题分析： 图中有禁鸣标志，B连续鸣喇叭是错误的；因为超越的是公交车，加速通过容易发生剐蹭事故，所以C是错误的；图中是双黄实线是不允许跨越的，所以D也是错误的；答案A是最安全的超车方式。

4. 如图所示，驾驶机动车遇到这种情况时，驾驶人应注意的是什么？

A. 左前方行人可能在前方机动车驶过后马上横穿道路

B. 左前方行人对是否横穿马路可能犹豫不决，无法准确判断

C. 前方机动车可能遇有其他横穿道路的行人减速或紧急停车

D. 前方机动车可能躲避横穿道路的行人，突然变更车道

答案： ABCD

5. 如图所示，驾驶机动车遇到这种情况时，驾驶人应注意的是什么？

A. 道路左侧儿童可能突然跑进路中

B. 前方行人可能未察觉有机动车驶近

C. 迎面来车可能造成会车困难

D. 右侧停放的机动车可能会突然起步

答案： ABCD

6. 如图所示，驾驶机动车驶近这样的人行横道时，驾驶人应注意的是什么？

A. 前方行人可能滞留在人行横道内

B. 左前方骑自行车者可能突然右转弯

C. 右前方骑摩托车者可能突然向左变更车道横穿道路

D. 右前方白色机动车行驶动态

答案： ABCD

7. 驾驶机动车途经这个路段的时候，以下关于潜在风险的说法正确的是？

A. 对面驶来的车辆可能占用你的车道

B. 前方道路可能有弯道

C. 坡顶可能停放一辆车

D. 前方道路可能有障碍物

答案： ABCD

第四节 安全行车知识

一 起步前的检查与调整

行车前，驾驶人要对发动机舱、车辆外部主要部件进行安全检查，确保车辆安全技术状况良好。上车前，再从驾驶室车门处开始，沿逆时针方向绕车一周，观察车辆及周围情况，特别要留意车底、车后的情况（可能有宠物或玩耍的小孩），确认安全后按照规范动作上车。

上车后，驾驶人应先检查操纵装置，然后根据身高调整好座椅、头枕、后视镜，系好安全带。一切就绪后，起动发动机，观察仪表、报警信号，发现异常情况及时停熄发动机进行处理。

二 安全起步、汇入车流

正常气象条件下驾驶车辆起步前，应观察内、外后视镜，侧头观察左后方交通情况，开启左转向灯，确认左侧和后方安全后，操纵车辆平稳起步。

安全起步

夜间驾驶车辆起步时，开启近光灯、左转向灯，注意观察两侧的车辆和行人，特别要注意提防黑暗中的车辆和行人。在夜间起步前，不要开启远光灯。

雾天驾驶汽车起步时，要开启左转向灯、前后雾灯和危险报警闪光灯，必要时开启近光灯，同时要比正常气象条件更仔细观察前方及车两侧情况。起步时，不要开启远光灯、长时间鸣喇叭。

雨、雪天气驾驶汽车起步时，要开启近光灯、左转向灯，雨天要使用刮水器，雪天可用中速挡，要注意预防雨、雪中行人抢行。

驾驶汽车起步后，要随时注意车两侧道路情况，向左缓慢转向，在不影响其他车辆通行的前提下，逐渐驶入正常行驶道路。

练习题

机动车在路边起步后应尽快提速，并向左迅速转向驶入正常行驶道路。（×）

试题分析：错在”迅速”二字上，起步时应需要先观察，确认安全后，才向左缓慢转向。

起步汇入车流遇到左侧车辆较多时，让左侧车辆先行，不要向左突然急加速转向汇入车流。

三 安全跟车

驾驶机动车跟车行驶，要随时注意前车动态，与前车始终保持足够的安全距离。遇前车制动时，及时采取减速措施，防止发生追尾事故。

练习题

在道路上跟车行驶时，跟车距离不是主要的，只需保持与前车相等的速度，即可防止发生追尾事故。（×）

跟车行驶时，不能将注视点仅固定在前车上，要以前方的 2 ~ 3 辆车为目标，及时观察路面和前方道路的交通情况，前方车速改变时，及时调整车速。前方行驶路线变化时，要及时判断原因，随即进行调整。

行车中遇前车绕行障碍物时，要根据障碍物的情况确定跟车避让路线，留出足够的安全距离，适当转动转向盘，大半径、长弧线跟车越过，避免在临近障碍物时超车或急转向绕行。

跟随大型车行驶时，要通过加大跟车距离来扩大视野范围，预防跟随大型车通过路口时，信号灯突然变化，同时还可避免大型车紧急制动时与其追尾。

四 安全会车

在没有中心隔离设施或者中心线的道路上

会车时，减速靠右行驶，与对方车辆和右侧行人和非机动车保持横向安全间距。会车前选择的交会位置不理想时，及时减速，低速会车或停车让行。

在有中心线的道路上会车时，注意观察道路两侧交通情况，遇对方车辆超过中心线或开启转向灯示意占道行驶时，立即靠路右边减速或停车让行。

在有障碍物的地点会车，要注意观察对面情况，遇对面来车已临近障碍物时，及时停车让对向来车优先通行，会车后再超越障碍物。

遇障碍物在来车的前方，对向车辆已加速强行超越或开启转向灯示意占道行驶时，立即靠边减速或停车让行，不能因为有优先通行权而赌气抢行，以免造成交通阻塞或事故。

会车过程中遇对向车辆加速超车时，要正确判断安全间距，减速或停车让行，安全避让相对方向来车。不可与其争道抢行，以防发生碰撞。

在狭窄路面会车，根据路面的宽度降低车速，同时保持两车间足够的横向安全距离，低速通过。交会后，注意从后视镜中观察确认无车辆超越时，再缓缓驶回正常行驶路线。会车有困难时，有让路条件的一方主动让对方先行。如果前方有较宽的路段，先到达道路宽阔处的车辆主动停车让行。

尽量避免在窄桥、坡道、隧道、涵洞、急转弯处会车。在道路宽度仅能容纳一辆车通过的路段、窄桥会车时，距狭窄处距离近、车速快的一方先行，距离较远、车速慢的一方应主动让行，不可盲目抢行。

在狭窄坡道上会车，下坡车让上坡车先行。如果下坡车已行至中途而上坡车还未上坡时，下坡车先行。在狭窄的山路上会车，不靠山体一方的车辆先行。

雨天或在积水路面会车时，要及时开启刮水器，随时做好减速的准备。同时，要注意与对向车辆保持一定的横向间距，以免被水花溅在前风窗玻璃上影响视线。

五 安全变更车道

① 变更车道的方法

驾驶车辆在超车、避让障碍、转弯、掉头或停车需变更车道时，要分析道路交通流的状态，正确地选择行驶车道和变更时机，安全变更车道。

变更车道前，通过内、外后视镜观察后方道路交通情况，确认安全后，提前3秒钟开启转向灯，再次侧头观察侧后方有无车辆，在不妨碍其他车辆正常行驶的情况下逐渐变更到所需车道，随后关闭转向灯。

每次变更车道，只能变更到相邻的车道。若需变更到相邻车道以外的车道，要先变更到相邻的车道，行驶一段后，再变更到另一条车道，不得连续变更两条以上车道。左右两侧车辆向同一车道变更时，左侧车辆让右侧车辆先行变更。在车道分界线为虚实线的路段，实线一侧的车辆严禁变更车道。

变更车道不宜过缓，长距离轧线行驶会影响其他车辆行驶，一般情况应在50～60米的距离内变更车道。每变更一次车道，就会隐含着一次风险，因此禁止随意变更车道。

② 路口转弯前变更车道

在有导向车道的路口转弯时，要注意观察标志、标线，转弯前需要变更车道时，需按导向箭头的指示在虚线区变更车道，进入实线区后不能变更车道。

③ 车流量大的路段变更车道

尽量不要在车流量大的路段变更车道，确需变更车道时，要提前打开转向灯，通过后视镜和侧头观察将要驶入车道一侧行驶车辆的情况。当确认无车辆行驶或无后车超越时，缓慢向将要驶入的车道一侧转向，密切注意车辆侧后方或尾随车辆的动态，随时做好减速或驶回原车道的准备。遇后方车辆不减速时，不能强行变更车道。

六 安全超车、让超车

① 安全超车

超车时，要保持与被超越车辆的安全距离，观察左侧交通情况，选择合理时机，开启左转向灯，从被超越车辆的左侧超越。超越后，在不影响被超越车辆正常行驶的情况下，逐渐驶回原车道。

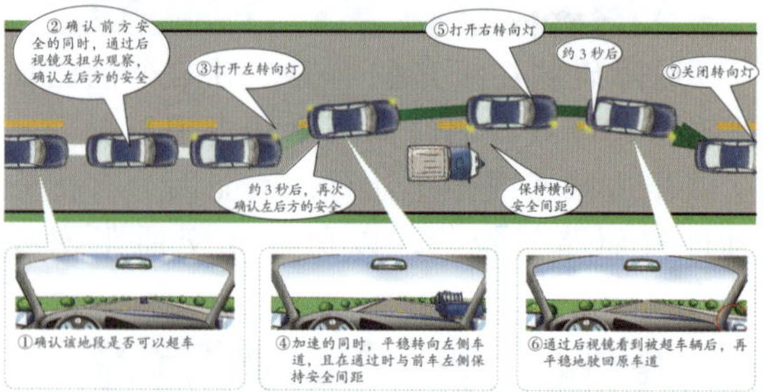

在没有中心线的道路上超车时，开启左转向灯，从被超车左侧超越。预计在超车过程中与对面来车有会车可能时，提前减速，主动放弃超车。

借用对向车道超车，首先得保证对向无来车。对向无来车时，若无法与正常行驶的前车保持横向安全间距或前车无让超空间时，也应主动放弃超车。

当驾车准备超越前方非机动车时，若非机动车前方有车辆突然停车，造成非机动车占道行驶时，要及时减速让非机动车先行。

通过隧道、铁路道口、急转弯路段、窄路、窄桥或遇前方道路上有车辆掉头时，不得超车。

练习题

1. 机动车行经交叉路口，不得超车。（√）
2. 超车过程中，被超车辆突然加速怎么办？
   A. 加速迅速超越
   B. 变换远近光灯超越
   C. 减速放弃超车
   D. 持续鸣喇叭超越

答案：C

3. 驾驶机动车在这种道路上怎样行驶最安全？

   A. 尽快加速超越前车
   B. 鸣喇叭让前车让路
   C. 保持距离跟车行驶
   D. 从前车的右侧超越

答案：C

试题分析：我车欲超越前车，但是对向车道，有其他车辆驶来，所以为了安全起见应放弃超车，与前车保持安全距离，跟车行驶。

② 让超车

驾驶机动车发现后车发出超车信号时，若具备让超条件，及时开启右转向灯，减速靠右让行，必要时辅以手势示意让超，不得故意不让或让路不让速。

遇后方车辆强行超车后，不给留出安全距离便向右变道时，要减速或靠右停车避让，千万不要开赌气车！

七 安全掉头

① 选择掉头地点

驾驶人应根据道路条件或交通情况，选择不妨碍正常通行的车辆和行人的允许掉头的安全路段，以及交通流量小、道路较宽、能一次完成掉头的地段和路口进行掉头。

严禁在铁路道口、人行横道、桥梁、急弯、陡坡、隧道、有禁止掉头标志的路段以及容易发生危险的路段掉头。

② 掉头方法

在设有隔离设施允许掉头的路段或路口掉头时，提前开启左转向灯，在不影响其他车辆正常行驶的情况下向左侧变更车道，进入左侧掉头导向路段，按交通标志的指示完成掉头。

路口有虚线的，要选择虚线处进行掉头，实线处不得掉头。

在无隔离设施允许掉头的路段掉头，先要仔细观察道路交通情况，必要时停车观察，确认前后无车辆或行人通过时，方可打开左转向灯进行掉头。掉头时，不得妨碍正常行驶的其他车辆和行人正常通行。

掉头的每一次前进或后倒过程中，都应认真观察车辆后侧及两侧道路的交通情况并确认安全，充分考虑车辆的前端和后端与道路上障碍物的距离，以防发生意外。

练习题

1. 在路口掉头时，为了保证通畅，应加速迅速完成掉头。（×）

2. 驾驶机动车在前方路口怎样掉头？

A. 在路口虚线处进行掉头

B. 左转信号灯亮时方可掉头

C. 经左弯待转区进行掉头

D. 直行信号灯亮时方可掉头

答案：A

八 安全倒车

在一般道路上倒车，应避开交通繁忙、非机动车和行人较多、路面狭窄的路段。

倒车前，要仔细观察倒车路线，确认具备安全倒车条件后，方能进行倒车。倒车过程中要缓慢行驶，即便是后方道路条件较好，也不得加速倒车。倒车时还要注意观察车辆两侧和后方的情况，并随时注意车头两侧的空间位置，随时做好停车准备，以免因转向角度过大而发生刮擦事故。

倒车时，若发现有过往车辆通过，应主动停车避让。因掉头需要倒车时，应选择在不影响正常交通的路段进行。

练习题

机动车倒车时，后方道路条件较好的，应加速倒车，迅速完成操作。（×）

九 安全停车

1 停车方法

停车要选择不妨碍交通又无禁止停车标志的路段或地点，不得在设有禁止停车标志标线的路段停车。

路边停车时，距离停车位置 20 ~30 米处，提前开启右转向灯，并通过内、外后视镜观察和侧头观察后方和右侧交通情况，确认安全后，方可靠边停车。

停车后，车身距离道路右侧边缘线或者人行道边缘不得大于 30 厘米，车身不得超过道路右侧边缘线或者人行道边缘。停车后，先拉紧驻车制动器操纵杆，再放松行车制动踏板，将发动机熄火。先观察侧后方和左侧交通情况，再缓开车门，以免开车门时妨碍其他车辆及行人通行。

练习题

停车时，以下做法正确的是什么？

A. 按顺行方向停放

B. 车身不得超出停车泊位

C. 关闭电路

D. 锁好车门

答案：ABCD

② 临时停车

在道路上临时停车时，不得妨碍其他机动车和行人通行。夜间或遇风、雨、雪、雾天在路边临时停车，要关闭前照灯，开启示廓灯和危险报警闪光灯。驾驶人下车后关好车门，不要远离车辆，妨碍交通时，要迅速驶离。

多辆车一起靠边临时停车时，靠道路右侧依次停放，并保持适当的纵向间距，不得与其他车辆并排停放。在城市街道上临时停车，按指定的位置停放，不得在道路两侧逆向停车。

③ 长时间停车

车辆停放时间较长时，应选择停车场或准许长时间停放车辆的地点，在规定的位置内依次停放。车辆长期停放时，尽量停入车库。不准在车行道、人行道和设有禁止长时停放标志的地点停放。

车库停车

练习题

关于停车，以下做法正确的是什么？

A. 在交叉路口停车

B. 在铁路道口停车

C. 在山区易落石路段停车

D. 在停车场停车

答案：D

十 路口安全驾驶

① 直行通过路口

1）通过有信号灯的路口

通过有交通信号控制的交叉路口时，减速慢行，注意观察左、右方交通情况。红灯（红色箭头灯）亮时，要停在路口停止线以外等待放行信号。

在绿色信号灯亮的路口直行，遇到对向有左转弯车辆进入路口时，要及时减速停车让行，不要抢行通过。

在黄色信号灯亮的路口，已越过停止线的车辆可以继续通行；没有越过停止线的车辆不得加速抢行通过，要在停止线以外停车等待。

通过设有箭头信号灯的路口，要注意观察信号灯的指示方向，按照绿色箭头信号灯的指示通过。

2）通过无信号灯的路口

在没有交通信号灯控制的路口直行，应在距路口 50 ~ 100 米时减速，行至路口时仔细观察左、右两侧道路交通情况，减速或停车瞭望，做到“一看，二慢，三通过”，直行车辆优先通行。遇到有停车让行标志的路口，要停车观察主路情况，确认安全后再通过。

练习题

驾驶机动车直行通过前方路口怎样行驶？

A. 接近路口时减速慢行

B. 进入路口后再减速慢行

C. 可以不减速直接通过

D. 提前加速通过交叉路口

答案：A

试题分析：图中所示为无交通信号控制的路口，应当在接近路口时，减速慢行，确认安全后再通过。

通过路口时要注意避让正在通行的车辆和行人，随时做好停车的准备。即使有优先通行权，也不能忽视对面来车抢先左转弯或左右车道车辆抢行带来的危险。遇到有减速让行标志的路口，要减速让行、缓慢通过。

在交叉路口遇到行人不走人行横道横穿道路时，应及时减速停车让行，不得加速从行人两侧绕行通过。

② 交叉路口转弯

1）交叉路口左转弯

在路口左转弯时，提前开启左转向灯，进入左转弯车道或靠道路左侧行驶；在不影响其他车辆和行人正常通行的情况下，沿中心圈左侧低速向左转弯。

在有导向箭头的路口左转弯时，要提前按导向箭头指示向左变更车道。同时，注意观察前方和左侧车道内的情况，不能影响左侧车道内车辆通行。

在有交通信号灯控制的路口左转弯，要提前进入左转弯车道或靠道路左侧行驶，等待放行信号。有左弯待转区线的路口，应在直行绿灯亮时进入待转区；绿灯或绿色左转箭头灯亮时，靠路口中心点左侧低速转弯。

2）交叉路口右转弯

在路口右转弯时，提前开启右转向灯，进入右转弯车道或靠道路右侧行驶，注意观察后方和右转弯方向道路交通动态，同时观察右转弯的车辆和行人，在不影响其他车辆和行人正常通行的情况下，沿右侧低速向右转弯。

在路口右转遇到红灯亮时，在不影响其他车辆和行人正常通行的情况下，减速靠右侧转弯通过。

③ 通过复杂路口

通过复杂路口时，低速行驶，按规定避让行人和优先通行的车辆，并做好随时停车的准备，不能加速通过路口。

通过视线不好的路口时，更要谨慎驾驶，以防视线盲区内出现突然情况而措手不及。在路口遇到其他机动车违法变道时，要及时减速避让，礼让通行。

遇有路口交通阻塞时，即便是绿灯亮，也要停在路口外等候，不得进入路口或停在路口内等候，以免加剧阻塞或被夹在路口内进退两难。

在复杂的交叉路口，遇到路口内车辆较多时，要减速观察路口内车辆的通行情况，随时准备停车礼让。

④ 通过环岛路口

遇到环岛行驶指示标志时，要注意前方环岛路口，提前减速行驶。

通过环岛时应在距环岛 50 ~ 100 米处减速慢行，必要时减速或停车让行，注意观察左侧已在环岛内行驶车辆的动态，选择时机以逆时针方向安全进入环岛。驶入环岛时不用开转向灯。

车辆在环形交叉路口内行驶时，如果有车辆强行驶入，要减速避让。驶出环岛前，提前开启右转向灯，在内侧车道的车辆应提前驶入外侧车道，注意观察道路右侧安全驶出。严禁直接从内侧车道驶出环岛。

5 通过立交桥

接近立交桥时，应适当减速，以便有充足的时间准确地确认出口的方向。直行时，按原方向从桥上或桥下行驶，应注意给驶出或驶入的车辆让出右侧车道。

通过立交桥

在立交桥右转弯时，应按照交通标志、标线的指示减速行驶，不过桥进入右转弯匝道完成右转弯。

左转弯时，必须驶过跨线桥才能转弯，不能直接左转弯。打开右转向灯，过桥后经两次右转弯后，便达到左转弯的目的。

通过立交桥时，如发现选择路线错误，应继续行驶至下一立交桥或允许掉头的路口掉头，不得立即在原地掉头或倒车更改路线。

6 通过铁路道口

通过有交通信号控制的铁路道口，在道口外减速、减挡，按照信号灯的指示低速通行，不得在路口内变换挡位。遇报警器鸣响或红灯亮时，停车等候，不准抢行通过铁路道口。

通过无信号控制或无人看守的铁路道口时，在道口外停车观察，做到一停（在停止线以外停车）、二看（观察左右是否有驶来的列车）、三通过（确认安全后，低速通过）。

通过双股轨道的路口时，遇一侧列车驶过后，还要提防从另一个方向驶来的列车。如果发现有危险情况，立即停车等待，不能强行通过。

驾驶机动车跟车通过铁路道口时，注意观察前车的动态，确认道口对面有足够的停放空间后才能通行，不得在道口内停车等候。

在铁路道口内车辆出现故障时，应迅速设法将车移出道口。如果短时间移出道口有困难时，先设法告知列车之后，再尽快将车辆移出道口。

十一 弯道安全驾驶

驾驶机动车进入弯道之前，应减速行驶，看清楚弯道的状况。转弯时，应沿道路右侧行驶，不要侵占对向车道，做到“左转转大弯，右转转小弯”，转小弯时，一定要注意车辆的内轮差。

行至道路急转弯处，应充分减速并靠道路右侧行驶，不得占用对向车道行驶，防止与越过弯道中心线的对向来车相撞。

练习题

驾驶汽车通过连续弯道时，尽量靠弯道右侧行驶。（√）

十二 安全通过学校等特殊区域

① 通过人行横道

驾驶车辆接近人行横道线时，提前减速观察，注意观察人行横道左右两侧是否有行人通行，随时准备停车礼让行人。遇行人或非机动车通过人行横道时，及时停车让行，不得抢行或绕行。右转弯通行时，更要注意礼让通过人行横道的行人。

练习题

如图所示，接近人行横道线时怎样安全行驶？

A. 提前减速观察　　B. 注意避让行人

C. 随时准备停车　　D. 抢先加速通过

答案：ABC

如果看到人行横道前有停止的车辆时，一定要停车，不要盲目通过，他可能是在停车避让行人。不要在人行横道及附近直行超车和变向超车，尤其要提防有些行动缓慢的人可能还滞留在人行横道上。

② 通过学校区域

驾驶车辆行至学校附近或有注意儿童标志的路段时，一定要及时减速，注意观察道路两侧及周围的情况，时刻提防学生横过道路。

上学或放学时段驾驶机动车通过学校区域，随时准备避让横过道路的学生和儿童。遇学生或儿童横过道路时，及时减速或停车让行，不可从他们中间穿行或从两侧绕行通过，避免发生事故。

行车中看到道路一侧有大人招手时，要及时减速，注意观察，做好随时停车的准备，预防对面有学生或儿童突然横穿道路奔向大人。

练习题

1. 驾驶机动车通过学校时要注意什么？

A. 观察标志标线　　B. 减速慢行

C. 不要鸣喇叭　　D. 快速通过

答案：ABC

2. 驾驶机动车遇到校车在道路右侧停车上下学生时，应注意什么？

A. 同向有三条机动车道，左侧车道后方机动车可以减速通过

B. 同向有两条机动车道，左侧车道后方机动车可以减速通过

C. 同向只有一条机动车道，后方机动车应当停车等待

D. 同向有三条机动车道，中间车道后方机动车应当停车等待

答案：ACD

3 通过公交车站

通过公交车站，要提前减速行驶，注意观察车站内候车人的动态，不得占用公交专用车道，距离公交车站 30 米内的路段不能停车。

超越停在公交车站内的车辆时，要减速慢行，与公交车保持较大的横向安全间距，预防车站上下车的乘客从车前或车后横穿道路，同时注意对向公交车前后是否有行人横穿道路，做好随时停车的准备。

在公交车站，遇到停在站内的公交车或有非机动车超越公交车时，要低速行驶，与其保持较大的安全间距，预防公交车突然起步或非机动车突然摔倒。

4 通过居民小区

通过居民小区，要遵守限速标志的规定，低速行驶，随时注意观察两侧情况，遇到突然情况要停车让行，不得连续鸣喇叭警示或加速抢行。

练习题

驾驶机动车通过居民小区遇到这种情况怎样处置？

A. 立即停车　　B. 加速通过

C. 连续鸣喇叭　　D. 减速慢行

答案：A

借用居民小区通行时，要注意避让行人。遇两侧有行人或行人占道行走时，要与行人保持安全距离低速行驶，待行人让路后再通过。

在小区内遇到非机动车横穿道路时，要及时减速让行，不能在非机动车前方或后方加速通过。

在居民小区遇到在路边玩耍的儿童时，要注意观察儿童的动态，减速缓慢通过。

第五节 文明礼让驾驶

一 保护乘车人

驾驶车辆起步前，驾驶人应要求车内乘员系好安全带。机动车前排不应乘坐未满 12 周岁的儿童，当车辆后排乘载儿童时，应使用专门的儿童安全座椅或坐垫。不同年龄阶段的儿童使用安全座椅的方法不同。

婴幼儿　低龄儿童　大龄儿童

二 礼让行人和非机动车

机动车进出道路或者在没有交通信号的路段行驶，应当避让横过道路的行人和非机动车；通过有交通信号灯控制的交叉路口，遇放行信号时，应当让其他方向先被放行的车辆和行人优先通行；行经有积水、泥泞、碎石或者易产生扬尘的道路，遇有行人或者非机动车时，应当减速慢行或者避让，不得保持正常车速或加速通过，以免波及路旁行人或非机动车，引发险情。

1 礼让行人

行人的主要特点是行走随意性大，方向多变，很容易引起险情。由于行人缺少相应的保护，很容易受到伤害，因此道路通行中应当坚持行人优先的原则。

人行道有障碍无法正常通行时，车辆应当避让借用车行道通行的行人。遇到行人在路边占道行走时，要减速慢行，注意观察行人动态，不得加速超越或持续鸣喇叭。

驾驶机动车在交叉路口，遇到行人突然横穿道路时，要减速或停车让行，不可从行人前、后方绕行或持续鸣喇叭提醒。

练习题

机动车行经没有交通信号的道路，遇行人横过道路时，以下做法错误的是什么？

A. 鸣喇叭催促

B. 寻找间隙穿插驶过

C. 减速或停车避让

D. 绕前通过

答案：ABD

驾驶机动车遇大人和孩子分别在道路两侧时，要减速慢行，注意观察孩子和大人的动态，预防他们横穿道路。遇到大人招手或孩子有向路另一侧移动的倾向时，要及时采取减速或停车措施。

驾驶机动车遇到在路边玩耍、嬉戏打闹的儿童时，要减速行驶，随时注意观察孩子的动态，发现异常及时停车避让。遇到儿童在路中玩耍时，提前鸣喇叭，减速行驶，发现横穿道路的孩子，要及时停车礼让，不可从孩子们中间穿行或两侧绕行通过。

驾驶机动车遇到行动不便的行人缓慢通过道路或在路边行走的老年人，要提前减速慢行，距离较近时要及时停车让行，不可采取绕行或连续鸣喇叭提醒的方法通过。

驾驶机动车在雨天遇到撑雨伞和穿雨衣的行人在路边行走时，要提前减速鸣喇叭，以防行人在车临近时突然横穿道路。

驾驶机动车遇到翻越中间护栏的行人时，迅速减速并鸣喇叭提示，注意观察动态，做好随时停车的准备，预防行人迅速跑向右侧路边。

驾驶机动车遇到路边有挑担子的行人时，提前减速行驶，可适当鸣喇叭提示，注意观察行人动态，预防行人担子换肩或担子突然横出。

2 礼让非机动车

机动车按照规定进入路边停车位及进出停车场等临时经过非机动车道通行时，应当避让非机动车，且最高时速不得超过每小时 30 公里。

驾驶机动车遇到成群青少年骑自行车占道行驶时，提前减速鸣喇叭提示。超越同向行驶的自行车时，注意观察其动态，减速慢行，保持安全距离，从左侧绕行。

驾驶机动车遇有非机动车准备绕过停放的车辆或抢道行驶时，主动减速让行。不可连续鸣喇叭示意其让道或加速绕过，以免引起刮碰事故。

三 避让动物

驾驶机动车在动物保护区或牧区行驶时，要降低车速，随时注意避让动物。遇到占道或横过道路的野生动物或牲畜，及时减速或停车避让。

四 礼让特殊车辆

1 避让执行任务的特殊车辆

行车中遇执行任务的警车、消防车、救护车、工程抢险车时，应及时避让；遇抢救伤员的救护车逆向驶来时，应靠边减速或停车让行。遇交通拥堵，有条件时可驶离正常路面让出车道，确保执行任务的警车、救护车、消防车等通行无阻。

2 礼让校车

驾驶机动车遇到校车在道路右侧停车上下学生，校车后方车辆和同向行驶的相邻机动车道上的机动车要停车等待，不得鸣喇叭或者使用灯光催促校车；与校车同方向行驶的其他车道上的车辆应当减速通过。

③ 遇紧急车辆的处置

当社会车辆发出紧急求救信号（如紧急运送病人就医）时，驾驶人应及时进行避让。当发现后车车速很快、持续鸣喇叭且开着危险报警闪光灯时，说明车辆可能制动失灵，要主动避让。

行车中发现行驶方向不稳、横冲直撞或是行驶缓慢等异常行驶的车辆时，应及时采取避让措施，不要用闪远光灯或用车辆阻挡的方法迫使对方让行。遇强行“加塞”或有斗气行驶的车辆时，应保持心态平和，尽量避让，确保行车安全。

第四章
恶劣气象和复杂道路等条件下的驾驶

本章主要介绍恶劣气象和复杂道路等条件的安全驾驶知识，以此弥补驾驶学习过程中的不足，帮助驾驶人增强安全行车意识，提高安全驾驶技能。

第一节 恶劣气象条件下的驾驶

一 雨天驾驶

雨中行车,因路面与轮胎间的附着系数减小,影响制动效能，很容易发生侧滑现象，尤其是在刚下雨的路面更容易发生。在容易引发滑转的道路行驶，要严格控制车速，避免发生“水滑”而造成危险。发生车辆侧滑情况，切不可急转方向或紧急制动,而要充分利用发动机牵阻作用减速。

大雨或暴雨天气，能见度低，视线不良。当风窗玻璃上形成水流，靠刮水器难以改善视线时，要选择安全地点停车，并开启示廓灯、危险报警闪光灯,待雨小或雨停后再继续行驶。

雨中遇到行人和骑车人，要提前减速、鸣喇叭，与其保持一定的安全距离低速通过，预防车辆临近时，其突然转向或滑倒，同时避免积水溅到行人和骑车人身上。严禁争道抢行或从行人身边急速绕过。

练习题

在普通道路驾车遇暴雨，刮水器无法改善驾驶人视线，此时要采取的措施是：

A. 减速行驶

B. 集中注意力谨慎驾驶

C. 立即减速靠边停驶

D. 以正常速度行驶

案案：C

试题分析：刮水器无法改变视线，证明能见度已经很差，在无法看清前方道路的情况下，减速靠边停车时最为明智的选择。

二 冰雪路驾驶

在冰雪路行车，由于积雪对光线的反射，极易造成驾驶人炫目,有条件的要安装防滑链，用发动机的牵阻作用控制车速，低速行驶，有车辙的路段循车辙行驶。行车中转向盘不可急打急回，以防车辆侧滑偏出道路。

车辆发生侧滑时，立即缓慢、适当地向后轮侧滑的一侧转动转向盘，可连续数次回转转向盘，以便调整车身。

机动车在雪天临时停车时，应开启危险报警闪光灯、示廓灯和后位灯。

积雪覆盖的道路，沟壑被积雪掩盖，道路的轮廓难以辨别时，可根据道路两旁的树木、电线杆等参照物判断行驶路线，控制车速，低速行驶。在弯路、坡道及河谷等危险地段行驶，更要注意选择好行驶路线。路况稍有可疑立即停车，待察看清楚确认安全后再继续行驶。冰雪路上超车、会车时，选择比较安全的地段靠右侧慢行， 适当增大两车的横向间距，且与路边保持一定距离,必要时,可在较宽的路段停车让行。

冰雪路跟车行驶应与前车保持较大的纵向距离，遇前车制动减速时，及时采用间歇制动辅以驻车制动的方法减速，切忌将行车制动器踏板一脚踏到底或拉驻车制动器操纵杆过急过猛。

在山区冰雪道路上行驶，遇到前车正在爬坡时，后车应选择适当地点停车，等前车通过后再爬坡。

三 雾天驾驶

雾天能见度低，驾驶人的视线模糊、视距变短、视野变窄；浓雾天时方向难辨，行进中很难看清前方障碍（如慢行车、行人、故障车、凹坑等），容易发生交通事故。

① 正确使用灯光和喇叭

雾天行车，应开启雾灯、示廓灯，及时让其他车辆驾驶人发现自己，因为雾灯放射的灯光具有更好的穿透力；在雾较大时，可开启近光灯照明，以便看清前方路况，同时开启危险报警闪光灯，不能使用远光灯。当风窗玻璃上凝有小水珠时，可使用刮水器清除，内侧的小水珠可用风窗玻璃除雾功能清除或在安全地点停车后用干毛巾擦干。雾天停车时，应开启危险报警闪光灯、示廓灯和后位灯。

雾天在道路上行车，可多使用喇叭引起对向车辆注意，听到对向车辆鸣喇叭时，也要鸣喇叭回应。

② 减速并增大安全距离

雾天驾驶，要将车速控制在能及时停车的范围内，保持足够的安全间距，谨慎缓慢行驶，可多使用喇叭引起行人和车辆注意。

雾天能见度较低时，应先将车开到路边安全地带或停车场，等能见度好转时再上路行驶。如果一定要在雾中行车，就要根据能见度情况，选择遇到情况时能迅速停车的速度（视距必须大于制动停车距离）行驶。

雾天行车时，还应该注意以下险情，提前预防：

（1）雾天行车很容易将前面停驶车辆的尾灯误认为是行驶车辆的尾灯，进而引起追撞，因此，一定要密切注意前车动态，严格控制车速，加大行车安全距离；

（2）会车时，要选择宽阔路段低速交会，保持足够的横向间距。同时要关闭雾灯，适当鸣喇叭，对向来车车速较快时，要主动减速让行或靠边停车；

（3）前车靠右行驶时，不可盲目超越，因为前车可能在避让对面来车。

四 大风天驾驶

大风天行车需要关紧车窗、尽量避免制动、注意车辆的横向移动。大风扬起的尘埃会阻挡观察视野，行车时要适当放慢车速，正确地辨认风向，握稳转向盘，防止行驶路线因风力而偏移。同时，尽量减少超车，需要鸣喇叭时可适当延长时间。风沙特别大时，将车停靠在道路上风处，车头背向风沙，防止细微沙粒被发动机吸入汽缸而加速机件磨损。

逆风行驶时，注意风向突然改变或道路出现较大弯度，风阻突然减少，会使车速猛然增大。行车中要预防行人为躲避车辆行驶扬起的尘土，在车辆临近时突然跑向道路的另一边。

练习题

驾驶机动车遇到沙尘、冰雹、雾、雨、雪等低能见度条件时，应该怎样做？

A. 开启前照灯、示廓灯和后位灯

B. 高频率鸣喇叭使其他交通参与者知道自己的位置

C. 同向跟车较近时，应使用远光灯

D. 适当提高车速，尽快到达目的地，结束行车

答案：A

试题分析：《道路交通安全法实施条例》第五十八条规定：机动车在夜间没有路灯、照明不良或者遇有雾、雨、雪、沙尘、冰雹等低能见度情况下行驶时，应当开启前照灯、示廓灯。

大风天夜间行车，使用防炫目近光灯，不宜使用远光灯，以免因出现炫目的光幕而影响视线。

第二节　复杂道路条件下的驾驶

山区道路、泥泞及涉水道路、桥梁、施工路段等复杂道路条件，险情较多，对驾驶人的驾驶技能和安全知识要求比较高。复杂道路特点及对安全行车的影响见下表。

复杂道路特点及对安全行车的影响

复杂道路	道路特点及对安全行车的影响
山区道路	山区道路大多依山傍崖，穿洞过涧，坡陡路窄，急弯、隧道等危险路段多，坡长弯急还会造成视距不足，山口的横风也会引起车辆行驶位置偏移
泥泞道路	路面松软、黏稠，行驶阻力大，附着力减小，车轮极易滑转和侧滑，容易陷车
涉水道路	看不清水底暗坑、凸起等路面情况，水流冲击会改变车辆行驶方向，操作不当容易熄火，制动性能出现“水衰退”现象
桥梁	跨线桥通往的方向多，交通标志标线多；跨江大桥上面横风大，而且容易先于路面结冰；窄桥、危桥、漫水桥行驶危险性增大
施工路段	道路条件较差、路面变窄，视线被阻挡，交通信号多，交通情况复杂

练习题

最容易发生侧滑的路面是：

A. 干燥水泥路面

B. 下雨开始时的路面

C. 潮湿水泥路面

D. 大雨中的路面

答案：B

试题分析：刚开始下时的路面像撒上一层薄薄的润滑剂，此时路面最为湿滑。

一 山区道路驾驶

① 跟车、超车、会车

在山区道路跟车行驶时，与前车要适当加大安全距离。在视线不清或道路条件差的路段，不能盲目超越，要加大跟车距离，以防前车突

然停车或停车后溜时发生碰撞事故。

在山区道路超车时，要选择宽阔的缓上坡路段，开启左转向灯，提前鸣喇叭，在确认前车让超后超越；严禁在禁止超车或不具备超车条件的路段超车。

在山区道路遇对向来车时，选择安全路段减速或停车交会。对面来车占路面较大时，要减速靠右行驶，不得加速或紧靠道路中心会车，以防发生刮碰事故。在狭窄的坡路会车时，上坡车让行下坡车。

当前车遮挡视线或扬起的沙尘造成视线不清时，不能盲目超越，必须与前车保持较大安全距离。

2 弯道驾驶

山区弯道较多，要注意观察，提前发现急弯路警告标志，并做到“减速、鸣号、靠右行”。通过连续急弯路时，要注意靠右侧减速慢行，不要占对向车道。

3 坡道驾驶

行驶到上坡路段驶近坡道顶端等影响安全视距的路段时，要减速慢行并鸣喇叭示意，提前减速减挡，利用发动机制动控制车速。

上坡行驶，要提前观察路况、坡道长度，在车速下降前减挡，使车辆保持充足的动力。上陡坡时，要在坡底提前减挡，加速冲坡。

下坡行驶，要挂中低速挡位，充分利用发动机进行制动，严禁空挡滑行。驾驶机动车在山区道路下坡路段尽量避免超车，因为下坡路段车辆由于重力作用，车速容易过快，车辆比平路时操纵困难。下长坡时，车速会因为惯性而越来越快，连续使用行车制动，会因制动器温度升高而使制动效果急剧下降，控制车速最有效的方法是使用低速挡行驶，充分利用发动机制动减速。

4 弯坡组合路段驾驶

（1）遇到上陡坡的弯道时，要在坡底减速减挡，保持不换挡能一气爬到坡顶的动力；进入弯道前，适当减速，靠右行驶，并鸣喇叭进行示意。当路面较窄时，还要时刻注意观察对向交通情况，做好随时停车的准备。

（2）遇到下坡连续弯道时，要注意提前减速减挡，通过每一个弯道都要注意适当减速，靠右侧行驶，不得为了改善视线而驶向道路中心。

练习题

驾驶机动车在山区道路行驶时，以下说法正确的是什么？

A. 上坡路段的安全距离应比平坦路段的大

B. 下坡路段的安全距离应比平坦路段的小

C. 急弯路段应当紧随前车

D. 急弯路段可以超车

答案：A

试题分析：上坡、下坡时，安全距离都应保持得比平坦路段大，以避免前车溜车或刹不停车而造成交通事故。

5 山路停车

山区道路行车途中尽量避免停车，确需停车时，选择平缓路段，确保安全。下坡中途停车时，踏制动踏板要比在平路时提前；上坡尾随前车中途停车时，与前车的距离要比平路时大。

驾驶机动车在山区道路因故障或其他原因在有路缘石的上坡路段临时停车时，为避免机动车后溜可将转向盘向左转。

在山区道路因故障或其他原因在有路缘石的下坡路段临时停车时，为避免机动车前溜可将转向盘向右转。

在山区道路因车辆故障在上坡路段长时间停车时，要在后方用塞车木或石块塞住车轮，以防车辆后溜。

在山区道路因车辆故障在下坡路段长时间停车时，要在前方用塞车木或石块塞住车轮，以防车辆前溜。

6 危险路段行驶

驾驶机动车通过傍山临崖险路时，要靠右侧减速行驶，避免停车。在较窄的山路靠山体一侧时，要尽量靠右侧低速行驶，遇对面有来车时，要选择安全的地点，尽量靠近山体一侧让行，做到先让、先慢、先停；在临崖一侧时，要靠右侧行驶但应尽量远离道路边缘，目光不要注视悬崖，如果靠山体的一方车辆不让行，要提前减速并选择安全的地方避让。

通过经常发生塌方、泥石流的山区地段时，减速慢行，注意观察，尽快通过，不要停留。

二 泥泞路驾驶

在泥泞路段行车，选用适当挡位（一般可用中低速挡），握稳转向盘，稳住加速踏板，以匀速一次性缓缓通过。通过泥泞路段时，尽量避免使用行车制动器，谨防整车滑移。当车辆发生侧滑时，要冷静清醒。在松抬加速踏板的同时，将转向盘向后轮侧滑的一方适当缓转修正方向，切忌猛打转向盘或紧急制动。

泥泞路驾驶

行车中不慎陷入泥泞路段后，先将车稍向后退出，然后改变车轮行进方向，挂入低速挡，利用发动机的冲力驶出。车轮继续打滑时，立即停车，挖去泥浆或设法支起车轮，铺垫柴草、碎石或在驱动轮上缠绕绳索等，以加大车轮的“抓地力”。

三 涉水驾驶

涉水前，对涉水路线的深度、水流速度和水底情况了解清楚，不可冒险涉水行驶。涉水行车中，目视远处固定目标，不要看水流，以防因视觉上判断错误而导致行驶方向偏移。

涉水驾驶，保持车速均匀平稳且有足够动力，尽量不要中途换挡、停车和急转弯，要“一气儿”通过涉水路段。车轮在水中滑转时，切忌猛加速冲车，避免发动机熄火，在专人指挥或其他人、其他车的协助下驶出水区。

涉水后，擦干被水浸湿的部位，保持低速行驶，并间断轻踩制动踏板，以恢复制动效果。

四 通过桥梁和施工路段

行车中看到窄桥标志时，说明前方桥面变窄且宽度不超过 6 米，此时要减速慢行，谨慎驾驶，车速不超过 30 公里 / 小时，且行经此路段 50 米内不得停车。遇对向来车时，离桥远的一方主动让行；遇对向来车已在桥面行驶时，未上桥的一方要注意选择安全地点靠右侧让行。

行车中，经过一般公路跨线桥时，要注意观察桥上车辆的通行情况，提前观察标志标线，按照标志标线指引的车道和限定速度行驶。上桥后，尽量靠右侧行驶，不得在桥上超车或超速行驶。

通过跨江、河、海大桥时，可能会遇到横风，要控制好方向，遵守限速规定，以防横风造成车辆行驶方向偏离。冬季雨雪后在桥上行驶时，由于桥面会先于路面结冰，一定要减速慢行，防止车辆发生侧滑。

施工路段一般可用于行车的路面较窄，来往车辆较多，交通情况复杂，通过时一定要合理控制车速、谨慎驾驶。

（1）行经施工路段时，驾驶人一定要注意交通信号的提示，提前控制车速，保持好适当的安全车距，掌握好方向。施工路段有交通警察或施工人员指挥时，要听从指挥通行；无人指挥时，要严格按照相应的指路标志、标线及作业区标志的指示通行；

（2）当本侧车道因施工封闭车道数量减少时，要提前变更车道，拥堵时要注意依次交替通行，不可抢行。在同方向只有一条车道的道路行驶，遇本侧车道施工封闭，需借用对向车道行驶时，要减速慢行，注意礼让对向来车，不要抢行；

（3）夜晚行经施工路段时，要注意灯光标志的提示，提前减速，必要时停车察看道路情况，确认安全后通过，不可贸然行驶。

五 隧道驾驶

进出隧道，应与前车保持安全距离，降低行驶车速，由于驾驶人的眼睛在进出隧道过程中会有一个明暗适应过程，因此，通过隧道是要合理使用灯光和控制车速。隧道内禁止掉头、超车、停车和倒车，尽量避免使用喇叭。驾驶机动车在距离隧道前 50 米内不得停车。

（1）通过仅能单车通行的窄隧道时，应提前减速，开启前照灯，观察有无对向来车，确认安全后方可通过。如发现对向有来车时，应在隧道口外靠右停车让行，待来车通过后再驶入隧道。如遇有信号灯控制的隧道时，应严格遵守红灯停车，绿灯通行的规则；

（2）驶入双向通行的隧道时，应开启近光灯，靠右行驶，注意对向来车，会车时，加大横向距离低速安全会车，会车不可开启远光灯；

（3）在双向行驶隧道内行驶，会车时，应加大车辆的侧向间距，切不可使用远光灯。

第三节　夜间安全行驶

一 正确使用灯光

夜间驾驶，灯光有照明和信号两方面的作用，应根据行驶中的实际情况正确使用。

夜间不同行驶条件下灯光的使用

不同行驶条件	灯光的使用
车速 <30 公里 / 小时	近光灯
照明条件差的道路、车速 >30 公里 / 小时	远光灯
与同向前车及对向来车不足 150 米时	近光灯
在风、雨、雪、雾等低能见度条件	近光灯或雾灯
通过无交通信号控制的交叉路口、驶近坡顶时	交替使用远、近光灯
照明条件良好的道路	近光灯

夜间驾驶机动车起步前，开启近光灯，仔细观察道路及周边情况，确认安全后再起步；行车中，车速在每小时 30 公里以下，使用近光灯。尾随前车行驶时，后车不能使用远光灯。

通过无交通信号灯控制的交叉路口，减速并交替使用远、近光灯示意。在风、雪、雨、雾天气夜间行车，使用雾灯或近光灯。

夜间在照明条件差的道路上，车速在 30 公里 / 小时以上时，使用远光灯。车辆通过照明条件良好的路段时，使用近光灯。夜间驾驶机动车在窄路或者窄桥遇自行车交会时，要使用近光灯。

练习题

夜间行车时，全车灯光突然熄灭，应当立即迅速制动，靠边停车。（×）

试题分析：夜间行车时全车灯光突然熄灭，应当开启危险报警闪光灯，慢慢减速，靠边停车。危险报警闪光灯不受其他设备影响，是单独工作的。

二 路面的识别和判断

夜间行车，由于驾驶人视线仅限于前照灯的照射范围内，很难观察到灯光照射区域以外的交通情况，因此要仔细观察，低速行驶。

灯光照射距离由远变近，前方路况可能是：进入一侧有山体或屏障的弯道、到达坡道的低谷地段、驶近或驶入上坡道。灯光照射距离由近变远，前方路况可能是：弯道变为直路、进入下坡道、缓下坡变为陡下坡或由下坡道驶入平路。

灯光照射离开路面，可能是前方出现急转弯、大坑或车辆上坡已行驶到坡顶。

当前方出现弯道或连续弯道时，灯光照射由路中移到路侧。

三 超车、会车、跟车

夜间行车，要尽量避免超车，确需超车时，要连续变换远、近光灯向前车示意，在确认前车让速让路后，方可超越。

夜间会车应当在距对向来车 150 米以外改用近光灯，若对向车辆不关闭远光灯，可交替使用远、近光灯提示对向车辆，当遇对面来车仍不关闭远光灯时，要及时减速靠右侧行驶或停车让行。

会车时，对面来车的灯光会造成驾驶人炫目而看不清前方的交通情况，驾驶人不要直视对面车辆灯光，将视线右移避开对方车辆灯光，并减速行驶。

两车交会时遇对方车辆不关闭远光灯，要减速并仔细观察两车灯光交会处（视线盲区）的危险，以防灯光的交会处有行人通过时发生事故。

练习题

夜间会车时，对面来车不关闭远光灯怎么办？

A. 及时减速让行，必要时靠边停车

B. 开启远光灯，迫使来车变换灯光

C. 视线向右平移，防止眩目

D. 交替变换远近光灯，提醒来车

答案：ACD

试题分析：可交替使用远近光灯，同时减速靠右侧行驶或停车，或者视线向右平移，防止眩目。

夜间驾驶机动车跟车行驶时，要注意观察前车信号灯的变化，随时做好减速或停车的准备。如遇到其他机动车突然驶入本车道时，应当减速让行。

四 夜间通过交叉路口和人行横道

夜间通过照明良好的城市交叉路口时，应提前选择行驶车道，减速慢行，并按交通信号灯的提示通行。

夜间通过视线较差的交叉路口时，应在离路口 150 米以外，变换远、近灯光提示来往的车辆和行人，并低速通过。在路口转弯时，应该在离路口 30 ~ 100 米时关闭远光灯，开启近光灯和转向灯，进入路口前降低车速，不断变换远、近光灯，确保安全通过。

夜间通过人行横道或者没有交通信号灯控制的路口，应在距路口约 100 米处减速慢行，并且交替使用远、近光灯示意，停车瞭望确认安全后，低速通过，同时要注意黑暗中的行人和非机动车。

五 夜间通过弯道和坡道

夜间通过比较急的弯道时，在距弯道约 150 米处，交替使用远、近光灯示意；转弯时要关闭远光灯，开启近光灯，降低车速并且靠右侧行驶，同时随时做好停车的准备。通过连续弯道时，应该持续使用远、近光灯示意，并且注意观察弯道的尽头，适时调整行驶方向，确保安全。

夜间通过上坡路段时，应该提前加速冲坡，交替使用远、近光灯示意，提醒对向来车和行人注意。车辆靠近坡顶时，要合理地控制车速，将远光灯换为近光灯，以防引起对向来车驾驶人炫目，导致车辆失控。下坡行驶时应该开启远光灯，以增大视线范围。

六 夜间发生故障

机动车在夜间发生故障时，驾驶人要选择安全区域停车，开启危险报警闪光灯、示廓灯和后位灯，按规定设置警告标志，以确保安全。

第五章
高速公路驾驶

高速公路行车，虽然道路条件和交通情况较好，但由于车速较高，很容易诱发险情或造成严重的事故后果，本章主要介绍了高速公路安全驾驶的相关知识，包括应具备的安全意识、安全驾驶方法等。

第一节　高速公路安全行车

一 驶入高速公路

① 收费口取卡

车辆驶近高速公路收费站时，要严格遵守限速规定，选择通道上方绿灯亮且车辆较少的收费口，依次排队通过，切勿争道抢行。在设有电子不停车收费系统（ETC）的收费站，贴有电子标签的车辆要与前车保持一定距离，提前观察并选择 ETC 通道，可在 20 公里的时速内不停车直接通过 ETC 专用车道的收费口。

进入收费口，尽量将车身靠近收费亭，驾驶室门窗对齐收费窗口时停车，在入口处领到通行卡后，要妥善收存好，以备出口时交回通行卡和缴纳通行费。

② 进入匝道

通过收费口后，要注意观察指路标志标线，按照自己的行驶路线，正确选择驶入的匝道，进入匝道后要尽快提高车速，但不能超过交通标志限定的速度。

在匝道内不许超车、掉头、停车和倒车。

练习题

1. 驾驶机动车在高速公路匝道上不准停车。（√）

2. 关于在高速公路匝道路段行驶，以下说法正确的是什么？

A. 从匝道驶入高速公路，应当开启右转向灯

B. 驶离高速公路进入匝道时，应当开启右转向灯

C. 可在匝道上超车

D. 驶入错误的匝道后，可倒车行驶回高速公路

答案：B

③ 驶入行车道

驾驶车辆从匝道驶入加速车道后，要开启左转向灯，尽快将车速提高到 60 公里 / 小时以上，仔细观察行车道上车辆行驶情况，选择驶入行车道的时机。

练习题

机动车在高速公路匝道提速到每小时 60 公里以上时，可直接驶入行车道。（×）

不得在加速车道内紧急制动或停车。

从加速车道驶入行车道时，要注意观察行车道内的情况，在车辆稀少时从正常行驶车辆后方驶入行车道；遇正常行驶车辆尾随相距较

近时，应控制好车速，在所有车辆通过后再驶入行车道，不得迅速从中间插入。一定要注意：不得从匝道直接驶入行车道；从加速车道驶入行车道时不得影响其他车辆的正常行驶。

二 行车道驾驶

车辆进入高速公路行车道后，严格遵守“分道行驶、各行其道”的原则和速度规定。根据车辆行驶速度正确选择行车道，不得随意穿行越线，不准骑、轧分界线，不得占用应急车道。有限速标志的路段，将车速控制在限制速度范围内。

练习题

1. 在同向 3 车道高速公路上行车，车速高于每小时 90 公里、低于每小时 110 公里的机动车不应在哪条车道上行驶？

A. 中间　B. 最左侧　C. 最右侧　D. 任意

答案：B

2. 如图所示，在同向 3 车道高速公路上行驶，车速低于每小时 80 公里的车辆应在哪条行车道上行驶？

A. 最左侧行车道　　B. 中间行车道
C. 最右侧行车道　　D. 任意行车道

答案：C

高速公路限速规定

道路条件	限速规定
高速公路通用	小型载客汽车，最低 60 公里 / 小时，最高 120 公里 / 小时
同方向有 2 条车道的	左侧车道最低车速为 100 公里 / 小时
同方向有 3 条以上车道的	最左侧车道的最低车速为 110 公里 / 小时，中间车道的最低车速为 90 公里 / 小时
限速标志标明的车速与车道行驶车速的规定不一致	按照限速标志标明的车速行驶

高速公路上专门设有为驾驶人确认行车间距的行驶路段，在此路段上行驶，可检验 100 公里 / 小时车速下与前车的行车间距。正常情况下，在高速公路上的纵向间距略大于每小时行驶速度值。

机动车在高速公路上行驶，遇有雾、雨、雪且能见度在 100 米至 200 米之间时，应开启雾灯、近光灯、示廓灯、前后位灯，保持车速不超过 60 公里 / 小时，与同车道前车保持 100 米以上的距离。

驾驶机动车在高速公路上行驶，遇有能见度小于 100 米的气象条件时，应与前车保持 50 米以上的距离，车速不得超过 40 公里 / 小时，开启危险报警闪光灯。

三 变更车道

高速公路行车，不得频繁变更车道。确需变更车道时，应提前观察将驶入车道的交通情况，在不影响其他车辆正常行驶且确认安全的情况下，开启转向灯，缓慢转向，加速变道。

遇前方道路上有障碍、车道堵塞、道路施工占道及前方路段损坏需变更车道时，要注意观察道路上的标志或警示牌，按照标志或警示牌指示行驶。

四 通过立交桥

行至高速公路立交桥，要根据右侧指路标志确认行驶车道和行驶路线。改变行驶路线时，距立交桥 500 米时，开始逐渐降低车速，按照预告标志适时地向右变更车道，平顺地驶入预定车道。距出口 50 ~ 100 米时，开启右转向灯，按照指路标志的要求进入匝道，驶入新的高速公路行车道。

五 通过隧道

行至高速公路隧道入口前约 50 米左右，开启前照灯、示廓灯、尾灯，及时察看车速表，按照隧道口限速标志上规定的速度调整车速。

进入隧道后，将视线注视点移到隧道的远处，不要看两侧隧道壁，注意保持安全行车间距。严禁在隧道内变更车道、超车和随意停车。

驶出隧道前，不能凭直觉判断车速，要通过车速表确认行车速度。到达出口时握稳转向盘，以防隧道口处的横向风引起车辆偏离行驶路线。驶出隧道后，在明适应过程中切勿盲目加速，以免因视力瞬时下降不适应而造成危险。

六 高速公路故障停车

高速公路行车应选择到服务区停车，不得在应急车道内停车。

当车辆发生故障必须停车时，应控制好车速，观察前后及右侧交通情况，开启右转向灯，尽快驶离行车道，将车停在紧急停车带或应急车道内。切不可紧急停车，更不要在行车道内停车。

高速公路故障停车

停车后，立即开启危险报警闪光灯，夜间还要开启示廓灯和后位灯，在车后 150 米以外设置警告标志，车上人员要迅速转移至车右前方护栏以外的安全地带，随后拨打紧急电话求援或报警。

若车辆短时间内修复后返回行车道时，应在应急车道内将车速提高至60公里/小时以上，开启左转向灯，在不妨碍其他车辆正常行驶的情况下驶入行车道。

练习题

1. 机动车因故障或者事故在高速公路行车道上紧急停车时，驾乘人员怎么办?

A. 站在机动车前方

B. 留在车上等待救援

C. 站在机动车后方

D. 迅速转移至右侧路肩上或应急车道内

答案：D

2. 当高速公路上车辆发生故障时，人员应当疏散到下图哪个位置。

A. 位置A　　　　B. 位置B

C. 位置C　　　　D. 位置D

答案：D

七 驶离高速公路

1 驶入减速车道

驾驶人要注意提前观察出口预告标志，一般在出口前2公里、1公里、500米处都有出口预告标志。当看到出口2公里预告标志后，逐渐向右变更至最右侧车道行驶。在距出口500米时，打开右转向灯，适当减速，平顺地进入减速车道。

练习题

机动车驶离高速公路进入匝道后，要使车速降到限定时速以下。（√）

2 进入匝道

车辆进入减速车道后关闭右转向灯，注意观察车速表，逐渐减速后进入匝道，车速不得超过限速标志标明的速度，也不得未经减速车道直接驶入匝道。

3 安全驶离

控制车速，通过收费站。在此后的一段时间内，驾驶人对车速的判断会有偏差，即“速度错觉”，因此不要单纯凭感觉判断车速，一定要通过观察车速表来判断车速，以适应一般道路行驶。

如果误驶过出口，只能继续向前行驶至立交桥掉头，或者在下一出口驶离。严禁在高速公路紧急制动、停车、倒车、掉头、逆行、穿越中心隔离带。

练习题

机动车在高速公路上行车，如果因疏忽驶过出口，可沿路肩倒车退回出口处。（×）

第二节　高速公路紧急避险

一 高速公路紧急避险的原则

驾驶机动车在高速公路上行驶时，如果发生紧急情况，应遵循以下 3 条原则进行处置：

（1）在高速公路上行驶时，前车扬起的飞石或遗撒物会造成视线模糊不清或将风窗玻璃击裂，遇此情况，驾驶人要逐渐降低车速、开启危险报警闪光灯并将车辆移至不妨碍交通的地点。

练习题

机动车在高速行驶时，前面扬起的飞石或是遗撒物将挡风玻璃击裂，造成视线模糊不清的状况下，驾驶人要逐渐降低车速、开启危险报警闪光灯并将机动车移至不妨碍交通的地点。（√）

（2）在高速公路上遇紧急情况，应坚持“先避人后避物”的原则。发现突然有人或动物横穿时，应果断采取损失小的避让措施。紧急避险措施不应超过必要的限度，造成不应有的损害。

（3）在高速公路上发生紧急情况，应首先采取制动减速，以减小碰撞损坏程度，不要急转方向避让，以免车辆侧滑或倾翻。

练习题

在高速公路上遇到紧急情况避险时需注意什么？

A. 采取制动措施减速

B. 向左侧转向避让

C. 迅速转动转向盘躲

D. 向右侧转向避让

答案：A

二 高速公路紧急避险的方法

1 雾天遇事故

大雾天在高速公路遇事故不能继续行驶时，须开启危险报警闪光灯和尾灯，按规定在车后设置警告标志。驾乘人员尽快从右侧离开车辆并尽量站到防护栏以外安全的地方，不得在高速公路上行走。

练习题

大雾天在高速公路遇事故不能继续行驶时怎样处置？

A. 车上人员要迅速从左侧车门离开

B. 在来车方向 100 米处设置警告标志

C. 开启危险报警闪光灯和远光灯

D. 车上人员站到护栏以外安全的地方

答案：D

2 遭遇横风

车辆行至隧道出口或凿开的山谷出口处，可能遇到横风。当驾驶人感到车辆行驶方向偏移时，应双手握稳转向盘，向来风的一侧适当修正，力度要轻，不可急转转向盘。同时应降低车速，防止车速过快造成车辆失控。

练习题

驾驶机动车在高速公路行驶遇到横风时，应紧握方向盘，减速行驶。（√）

3 “水滑”

雨天在高速公路行驶时易发生“水滑”现象，驾驶人应保持较低的车速行车。发生“水滑”现象时，应握稳转向盘，逐渐降

遇横风时的应急处置

低车速。不得迅速转向或急踏制动踏板减速。

4 意外碰撞护栏

在高速公路驾驶机动车意外碰撞护栏时，要稳住转向盘，适当向碰撞一侧转向。乱打或急打转向盘可能导致车辆连续碰撞两侧护栏，甚至发生倾翻事故。

5 紧急情况停车

在高速公路上遇车辆故障或发生事故时，要在应急车道停车，立即开启危险报警闪光灯；如果车辆难以移动，则应迅速打开危险报警闪光灯。然后，在来车方向150米外设置警告标志，同时驾乘人员都应尽快从车辆安全的一侧离开，转移至护栏外避险，不要因紧急情况避险造成二次事故或更大的损失。

第六章

紧急情况处置

本章主要介绍行车中遇到的各种紧急情况的避险知识、交通事故现场处置及伤员急救知识，帮助驾驶人安全避险，正确处理交通事故，减少事故伤害。

第一节　紧急避险知识

一 紧急情况下的避险原则

（1）驾驶机动车遇紧急情况避险时，要沉着冷静，坚持“先避人后避物”的原则；

（2）在车速较高时遇紧急情况，要坚持“先制动减速、后转向避让”的原则，不要轻易急转向，否则极易造成车辆侧滑或倾翻。

二 轮胎漏气及爆胎

轮胎气压过低时，高速行驶会出现波浪变形、温度升高，极易导致爆胎。发现轮胎漏气或气压过低时，要平缓制动减速，驾驶机动车驶离主车道，减速时不要紧急制动，以免造成翻车或后车制动不及时导致追尾事故。

遇到突然爆胎时，要双手紧握转向盘，控制住方向，缓抬加速踏板，尽量按既定路线行驶，轻踏制动踏板，缓慢减速，尽快平稳停车。切忌猛打转向盘和急踏制动踏板，否则容易造成车辆侧滑或侧翻。尽量采用抢挂低速挡的方法，利用发动机制动减速。

后轮爆胎时，要先控制行驶方向并缓慢减速；前轮爆胎时，在控制住行驶方向后，采取抢挂低速挡的方法减速停车。

用降低轮胎气压的方法无法避免爆胎。正确做法是定期检查轮胎、及时清理轮胎沟槽里的异物、更换有裂纹或损伤严重的轮胎、不可超员超载行驶。

三 制动失效

车辆行驶中制动突然失灵时，要迅速开启危险报警闪光灯，握稳转向盘控制方向，抢挂低速挡减速，使用驻车制动器配合减速，但驻车制动器不能一次拉紧。

下坡路行驶中制动突然失效时，要迅速逐级或越一级减挡，利用发动机牵阻作用控制车速，迅速利用避险车道减速停车或向上坡方向行驶。在不得已的情况下，可将车身靠向山坡、路旁的岩石、树木或护栏碰擦，迫使机动车减速停车。不可采用迅速拉紧驻车制动器操纵杆或越多级减挡的方法减速停车。

预防机动车制动失效的有效措施是定期维护制动系统，行车前注意检查制动踏板的自由行程和制动液压，行车中正确使用制动器，防止出现热衰退现象。

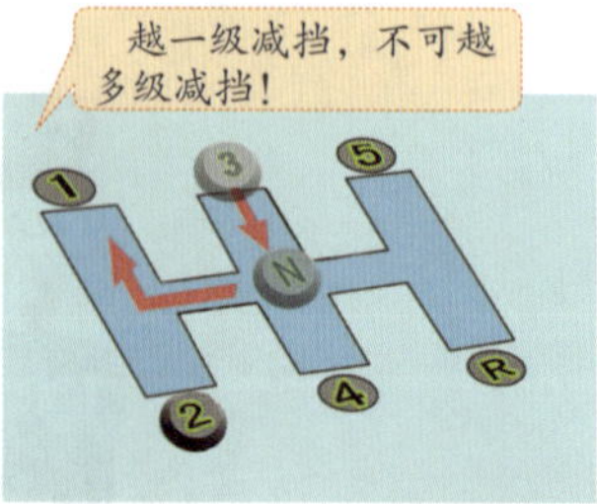

四 转向失控

高速行驶的机动车，在转向装置失控的情

况下紧急制动，很容易造成翻车。机动车转向突然失控后，若前方道路条件能够保持直线行驶，要迅速开启危险报警闪光灯，抢挂低速挡或合理使用行车制动和驻车制动减速停车，避免紧急制动。

驾驶装有助力转向的机动车发现转向困难时，要停车查明原因。行驶过程中遇到转向突然失控、行驶方向偏离，事故已经不可避免时，要果断地采取紧急制动，也可果断地连续踩踏、放松制动踏板，尽量缩短停车距离，减轻撞车强度。

五 碰撞

行车中，车辆碰撞容易造成严重的事故后果，因此应尽力避免碰撞。

通常车辆的侧面碰撞安全防护性能明显弱于正面碰撞安全防护性能，所以车辆撞击无法避免时，驾驶人应当尽力避免侧面碰撞。

当与前方机动车或障碍物发生正面碰撞已不可避免时，应迅速采取紧急制动，减轻碰撞力度。若与对向来车不可避免地发生正面碰撞且碰撞位置在正前方时，驾驶人要迅速离开转向盘，往副驾驶位置躲避，迅速将两腿抬起。若发生撞击的位置不在驾驶人一侧或撞击力量较小时，驾驶人应紧握转向盘，两腿向前蹬，身体紧靠座椅。

练习题

行车中与其他机动车发生正面碰撞已不可避免时怎样处置?

A. 变正面碰撞为侧面碰撞

B. 向右急转转向盘躲避

C. 迅速采取紧急制动

D. 向左急转转向盘躲避

答案：C

试题分析：当正面碰撞已不可避免时，应该采取紧急制动，以减小碰撞力度。这时动方向盘避让会造成翻车等更严重的伤害。

六 侧滑

驾驶安装有防抱死制动装置（ABS）的车辆，发生侧滑时应将制动踏板踩到底；未安装ABS的机动车在冰雪路面制动时，要轻踏或间歇踩踏制动踏板，以免车轮抱死。制动时前轮抱死会丧失转向能力，后轮抱死会出现侧滑甩尾的情况。

驾驶机动车在泥泞路行车、冰雪路面转弯，速度过快时容易发生侧滑。前轮侧滑时，要向侧滑相反方向转动转向盘；后轮侧滑时，要向侧滑方向转动转向盘。在泥泞路发生侧滑时，要向后轮侧滑的方向转动转向盘适量修正。

练习题

1. 机动车在泥泞路段后轮发生侧滑时，要将转向盘向侧滑的相反方向缓转修正。（×）

试题分析：后车轮侧滑向侧滑的方向打方向盘，前轮侧滑往相反的方向打方向盘。固试题描述错误。

2. 在冰雪路面制动时，发现车辆偏离方向，以下做法正确的是?

A. 连续轻踩轻放刹车

B. 停止踩刹车

C. 用力踩刹车

D. 以上做法都不对

答案：B

试题分析：这个情况下，立即踏制动踏板容易引起侧翻，正确做法是先握紧方向盘，不要紧急踩刹车。

七 连续倾翻

当车辆发生连续倾翻时，驾乘人员应尽可能地抓住车内固定的物体，例如转向盘、座椅后背等，尽量不在车内发生翻滚和碰撞，同时注意避免因车体变形而使身体遭受挤压。在车辆稳定后，驾驶人应第一时间熄灭发动机，防止车辆发生自燃或爆炸。然后稳住身体，迅速解开安全带，从车门或破碎的车窗逃出车辆。

练习题

驾驶机动车突然发生侧翻时，以下做法正确的是什么?

A. 迅速跳车逃生

B. 双手紧握转向盘

C. 双脚勾住踏板

D. 背部紧靠椅背

答案：BCD

试题分析：驾驶机动车突然发生倾翻时，应当双手紧握转向盘、双脚勾住踏板、背部紧靠椅背，在车辆停稳前切不可跳车逃生，以防发生被砸或者碾压危险。

八 发动机突然熄火

行车中发动机突然熄火后，驾驶人应立即开启危险报警闪光灯，依靠惯性将车辆驶向右侧靠边停车，按规定在车后摆放警告标志，检查熄火原因。发动机突然熄火后，在车辆惯性行驶期间不要再次起动发动机。

发动机熄火的应急处置

九 车辆着火

（1）发动机着火时应迅速熄灭发动机，用灭火器或覆盖法灭火。不得开启发动机舱盖后灭火。

发动机着火的应急处置

（2）车辆电器、燃油着火时，应当使用灭火器或路边砂土、棉衣等覆盖法灭火，不能使用水灭火。

（3）车辆发生火灾时，应设法将车辆停在远离人群、建筑物、树木、车辆及易燃物的空旷地带，及时把事故情况和地点通报给救援机构。高速公路行车发生火灾时，不得将车辆驶进服务区或停车场灭火。

（4）使用灭火器救火时，人要站在上风处，灭火器瞄准火源。救火时，不要张嘴呼吸或高声呼喊，以免烟火灼伤上呼吸道。灭火时，应注意脱去所穿的化纤服装；对于外露的皮肤，也应注意保护。

十 车辆落水

车辆落水后，要尽快设法打开车门或摇下车窗逃生。如果车门因水压太大无法开启时，要等到水快浸满车厢时，再设法开启车门或摇下车窗玻璃逃生。车门无法开启且车窗无法摇下时，驾驶人可以利用车内的安全锤或螺丝刀等坚硬物品敲击侧窗四个边角破窗逃生。车内无可利用的坚硬物品时，驾驶人可以拆下座椅头枕，将头枕的钢棍插入车窗下方的玻璃与车门的缝隙之间，采用撬玻璃的方式破窗逃生。

车辆落水后，切记不能用迅速关闭车窗阻挡车内进水、短暂闭绝空气、打电话告知救援人员的方法等待救援。

练习题

机动车落水后，只有在水快浸满车厢时，才有

可能开启车门或摇下车窗玻璃逃生。（√）

试题分析：车辆掉水后，车内压力低于车外的压力，这个时候很难打开车门，即使打开了车门，水一下子涌进来，可能会造成更大的伤害。当水浸满车厢后，内外压力接近时，以上问题都能解决了。因此本题正确。

第二节 交通事故现场处置及伤员急救知识

一 交通事故现场处置

驾驶机动车在道路上发生交通事故，未造成人身伤亡或仅造成轻微财产损失，基本事实清楚，当事人对事实及成因无争议的，可以即行撤离现场，恢复交通，自行协商处理损害赔偿事宜。

驾驶机动车在道路上发生交通事故，驾驶人应立即停车，保护现场，迅速报警。同时，做好现场安全防护，开启危险报警闪光灯，按规定在车后设置警告标志，防止二次事故的发生。夜间还应当同时开启示廓灯和后位灯。驾乘人员应迅速离开车辆和行车道，撤离到安全地带避险。在事故现场，一旦遇到有毒有害物质泄漏，一定要第一时间疏散人员并立即报警。如果事故中有人员受伤需要抢救时，应及时向路过车辆或附近群众求助，协助将伤者送往医院或拨打急救电话。因抢救受伤人员需要变动现场时，要标明位置。

驾驶机动车遇前方他人发生交通事故需要帮助时，在身体等条件允许的情况下，要协助保护现场，并立即报警。

二 伤员急救知识

① 现场救护原则

在事故现场抢救伤员的基本要求是先救命、后治伤。遇重特大事故有众多伤员需要送往医院时，处于昏迷状态的伤员，首先送往医院；颈椎受伤的伤员最后送往医院。受伤者在车内无法自行下车时，可设法将其从车内移出，尽量避免二次受伤。遇伤者被压于车轮或货物下时，设法移动车辆或搬掉货物，根据伤势采取相应的救护方法，切忌拉拽伤者的肢体。在没有把握时，应保护好现场，等待医护人员的到来。

② 失血伤员救助

抢救或处理失血伤员，首先是利用外部压力，给伤口止血。采用指压止血法为动脉出血伤员止血时，拇指压住伤口的近心端动脉，然后用绷带进行包扎，在没有绷带的情况下，可用毛巾、手帕、床单、长筒尼龙袜子等代替。救助失血过多出现休克的伤员，要采取保暖措施，防止热损耗。

③ 骨折伤员救助

1）普通骨折伤员救助

抢救骨折伤员时，为防止骨折伤员休克，不要移动伤员身体的骨折部位。对无骨端外露骨折伤员的肢体，用夹板或木棍、树枝等固定时要超过伤口上、下关节。伤员大腿、小腿和脊椎骨折时，一般就地固定，不要随便移动伤者。伤员骨折处出血时，先止血并消毒包扎伤口，然后再固定。伤员四肢骨折有骨外露时，不要还纳（还纳指医生通过手法使患者脱出或者离位组织或躯干恢复到原来位置，达到治疗目的），可用敷料包扎。

练习题

伤员骨折处出血时，先固定好肢体再进行止血和包扎。（×）

试题分析：应先消毒止血才能进行固定

2）颈椎骨折伤员救助

当怀疑伤员有颈椎骨折时，应判断伤员是否有颈椎骨折；意识清醒的伤员可询问其颈部是否疼痛，或是观察伤员颈部自然弯曲是否改变，仰卧时颈部是否塌于地面，或查看颈部皮肤有无皮下瘀血来判断是否有颈椎骨折的可能性。严禁直接搬动颈部或者通过按压等手段检查颈部。若怀疑伤员有脊柱损伤，应使伤员尽量静止不动，等待急救人员的到来。当人体的颈椎骨折时，救治不当可导致颈椎以下所有部位的瘫痪。

3）脊柱损伤伤员救助

对于脊柱损伤的伤员，如果搬运不当则会造成二次伤害。如果无法判断伤员的伤情，一般不要对伤员进行搬运。情况紧急不得不对伤员进行搬运时，对脊柱骨折的伤员要用三角巾固定。移动脊柱骨折的伤员，切勿扶持伤者走动，应由 3 名人员把手托放在伤员身下，一起将伤员抬上硬担架运送。

练习题

怎样抢救脊柱骨折的伤员？

A. 采取保暖措施

B. 用软板担架运送

C. 用三角巾固定

D. 扶持伤者移动

答案：C

试题分析：应该是原地固定等待专业救护人员，脊柱骨折被移动很有可能将导致高位截瘫。用三角巾固定是其中最安全的措施。

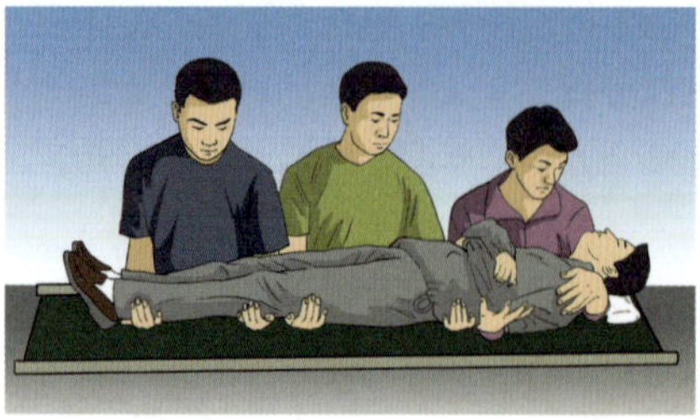

④ 昏迷伤员救助

抢救昏迷失去知觉的伤员，要先检查伤员呼吸，再进行救护；搬运昏迷或有窒息危险的伤员时，要采用侧卧的方式。

⑤ 中毒伤员救助

救助有害气体中毒伤员时，要在第一时间迅速将伤员移到有新鲜空气的地方，以防止继续中毒。

⑥ 烧伤伤员救助

在现场对烫伤伤员进行处理时应首先考虑尽快降温，可以用流动的常温清水持续冲洗烫伤部位，直到不红、不疼、不起泡为准。流动干净的水可以防止伤口感染，并且持续冲洗降温可以止痛。

救助全身燃烧的伤员时，应迅速扑灭衣服上的火焰，向全身燃烧的伤员身上喷冷水、脱掉烧着的衣服、用消过毒的绷带包扎烧伤伤口。用沙土覆盖会造成伤口感染，甚至危及生命。烧伤伤员口渴时，可喝少量的淡盐水。

在伤口已经起泡的情况下，可以用塑料袋或保鲜膜轻轻覆盖在水泡上进行保护，尽快将伤者送往医院。

练习题

烧伤伤员口渴时，只能喝白开水。（×）

试题分析：烧伤的伤员有创面，容易导致体液丢失，需要用淡盐水补液。

第三节　常见危险化学品知识

一 危险物品分类

危险物品具有爆炸、易燃、毒害、感染、腐蚀、放射性等危险特征。常见的几类危险物品见下表。

常见的危险物品

类　别	常见危险物品名称
爆炸品	炸药、火药、起爆药、烟花爆竹等
气体	氧气、氢气、天然石油气、石油液化气、打火机的填充气体等
易燃液体	乙醇（酒精）、油漆、涂料等
易燃固体	火柴、硫黄、赤磷、油纸、油布、碳化钙（电石）等
氧化性物质	过氧化氢（双氧水）、次氯酸钙（漂白类物质）等
毒性物质和感染性物质	生漆、农药（如有机磷、灭鼠药等）等
放射性物质	含铀等放射性元素的矿石及浓缩物等
腐蚀性物质	硫酸、盐酸、硝酸、氢氧化钠、甲醛及其水溶液（如福尔马林）等

二 危险物品消防常识

（1）易燃液体一旦发生火灾，不可用水扑灭，应采用泡沫、二氧化碳、干粉、1211 灭火器等扑救。

（2）腐蚀物品着火时，不得用水柱直接喷射，以防腐蚀物品飞溅，应用水柱向高空喷射形成雾状覆盖火区。

（3）扑救易散发腐蚀性蒸气或有毒气体的火灾时，扑救人员应穿戴防毒面具和相应的防护用品，站在上风处施救；如果被腐蚀物灼伤时，应立即用流动自来水或清水洗创面 15~30 分钟之后送医院救治。

（4）当运输有毒、有害气体的车辆在运输途中发生大量泄漏、着火时，驾驶人应尽快切断全车一切电源，戴好防护面具和手套，关闭阀门制止气体进一步泄漏，同时做好警戒工作并组织周围人员向上风方向疏散。

练习题

液化石油气罐车在运输途中发生大量泄漏时，下列措施错误的是什么？

A. 切断一切电源

B. 戴好防护面具和手套

C. 关闭阀门制止渗漏

D. 组织人员向下风方向疏散

答案： D

试题分析： 应组织人员往上风处疏散

第七章 典型事故案例分析

本章主要介绍交通事故原因分析方法，并选取典型事故案例进行分析，让驾驶人学会分析典型事故案例中的主要违法行为和事故原因，从中吸取经验教训，强化守法、安全、文明驾驶的重要性。

第一节 交通事故原因分析

分析交通事故时，首先应该仔细阅读事故案例的描述，了解事故发生的经过，然后从驾驶人的行为、车辆（含装载）状况、道路条件及环境因素四个关键要素去进行深入分析。但最主要的还是从驾驶人的行为分析入手。

一 分析驾驶人的行为

主要是分析驾驶人是否存在违法驾驶行为，可参考下表充分借助常见违法驾驶行为进行分析，在事故描述中捕捉相应的关键信息。

常见违法行为及其关键信息

常见违法行为	相应的关键信息
无证驾驶、所驾车型与驾驶证准驾车型不符	驾驶证类别及有无
饮酒驾驶、吸毒驾驶、疲劳驾驶、分心驾驶、药物驾驶	与驾驶状态相关的信息，如“连续驾驶”“喝酒”“接打电话”等
超速行驶、不按规定让行及违法停车、会车、跟车等违反通行规定的行为	与车速、通行权、路权、道路及驾驶操作动作等相关的信息
闯红灯、抢黄灯、越实线等违反交通标志、标线指示的行为	与交通信号、道路特点相关的信息

二 分析车辆的状况

主要从车辆的技术状况和车辆的装载情况两方面进行分析：

（1）看是否有对车辆技术状况的描述。如安全设施是否完整、安全技术是否符合标准、车辆是否存在故障等。

（2）看是否有车辆载人载物的关键词。如果有，就要核实车辆是否存在超员、超载、货物超限、非法载运不符合规定的货物等情形。

三 捕捉道路条件信息

主要是看事故是否发生在特殊的路段，分析此路段对驾驶人的行为是否有特殊的要求和规定，看驾驶人是否遵循了此路段的通行规定。如急弯路、桥梁、隧道、坡道、拥堵路段等都对超车、掉头及车辆速度等有具体的规定，要分析驾驶人是否存在违反这些规定的行为。

四 分析环境因素

主要是看事故发生时的环境因素，如夜间、雨天、雪天、雾天、能见度等情况，分析驾驶人是否有违反这种环境下的相关限速、灯光使用、跟车距离、禁止行为等规定的行为。

第二节　典型事故案例分析

一 超速行驶导致翻车

1 案例描述

某日夜间下过雨后，王某驾驶小型汽车载着女友陈某（未系安全带）回家，当王某以120公里/小时车速行至城市主干道（限速80公里/小时）的某一路段时，车辆打滑失控，与道路左侧护栏相撞后翻车，事故造成王某的女友被甩出车厢当场死亡，王某受伤，车辆及护栏都严重损坏。

超速行驶导致翻车

2 案例分析

（1）关键要素分析。

驾驶人：王某以120公里/小时的速度高速行驶。

车辆：事故中未提及车辆技术状况，而且车内乘员只有王某的女友1人，并未超员。因此可以排除车辆方面的原因。

道路：事故路段是“城市主干道”，限速80公里/小时。

环境：“夜间”“雨后”，在这种情况下，驾驶人更要保持安全车速行驶。

（2）综合分析。从案例描述中可以看出，在白天正常的天气条件下，在限速80公里/小时的“城市主干道”上，驾驶人就应该严格遵守限速规定。而在“夜间”“下过雨后”这样视线不好、路面湿滑的复杂环境下，驾驶人非但没有降低速度，反而以120公里/小时的速度高速行驶，王某明显是超速了，加之路面湿滑，引发了车辆侧滑失控，可见事故的主要原因就是王某超速行驶。

3 案例警示

（1）十次事故九次快。历年来的公安统计数据显示，超速行驶是导致交通事故的主要违法行为之一。《中华人民共和国道路交通安全法》第四十二条规定“机动车上道路行驶，不得超过限速标志标明的最高时速。在没有限速标志的路段，应当保持安全车速。夜间行驶或者在容易发生危险的路段行驶，以及遇有沙尘、冰雹、雨、雪、雾、结冰等气象条件时，应当降低行驶速度。”驾驶人遵守限速规定是最基本的要求，在气象不好及容易发生危险的路段，更要降低车速，确保行车安全。

（2）安全带就是生命带。事故中的王某因为系了安全带只是受伤，但陈某由于没系安全带“被甩出车厢当场死亡”，由此可见系好安全带的重要性。

曾经有一起事故，一对年轻夫妻，驾车在高速路上因超速行驶致使车辆侧翻至路外4米多深的水泥排水沟内，车辆前部严重破损，前风窗玻璃完全破碎，安全气囊也全部打开，车辆受损严重，但最终夫妻俩只是受了轻伤并无大碍，事后证明正是安全带救了两人的性命。相反，另有两名年轻男子驾驶一辆豪华跑车在高速公路上撞击护栏后翻入路侧浅沟内，车辆并无多大损坏，前风窗玻璃也完好如初，而两名男子却因未系安全带，被甩出车外导致死亡。对比这三起事故的后果，不难发现，安全带就是紧急时刻的生命带。因此，驾驶人开车时不仅自己要系上安全带，还要提醒车内其他乘员系好安全带。

二 酒后驾驶害人害己

① 案例描述

某日晚上 10 点多，王某和 4 名同事一起去 KTV 唱歌喝酒狂欢，大家都喝得很开心。次日凌晨 1 点多，王某驾驶小型汽车载着 4 名同事返回单位途中，4 名同事很快就睡着了，王某驾车在快速经过某一路口时，车辆失控撞向道路右侧绿化带，事故造成王某死亡，4 名同事受重伤。

酒后驾驶害人害己

② 案例分析

（1）关键要素分析。

驾驶人：王某喝酒唱歌，一直持续到次日凌晨，说明王某存在饮酒后驾车的违法行为。

车辆：并无相关描述，可忽略这方面的影响。

道路：路口，但并无其他危险因素出现。

环境：凌晨 1 时多，说明是夜间，但并无其他特殊环境。

（2）综合分析。此案例中，王某明显是饮酒后驾驶，从其他 4 位同事“很快睡着”可以看出，大家都喝了不少，在酒精的作用下人很容易疲劳困倦，感知和反应能力都会下降。此外，此事故是单车事故，道路和环境并无不良情况出现。据此分析，此事故主要是由王某饮酒后驾驶造成的。后经事故鉴定，王某及其同事血液中的酒精含量都超过了 200 毫克 /100 毫升，属于醉酒驾驶。

③ 案例警示

（1）饮酒后绝对不能开车。酒后驾驶，人的注意力、判断反应能力和操作能力均会下降，驾驶人的心理也会产生变化，容易出现超速、抢行及其他过激的危险驾驶行为，严重影响行车安全。因此，驾驶人一定要做到“开车不喝酒，喝酒不开车”。

很多驾驶人都会存在“少喝一点酒不会影响驾驶”的心理，但研究表明，当血液中酒精含量≥ 1.0‰时，驾驶人的判断和反应能力就会下降，发生事故的概率约是未饮酒时的 7 倍，但此时驾驶人自己是察觉不到的。还有的驾驶人饮酒后心存侥幸，认为不会被交警查到就上路驾驶，其实这是对自己和他人生命完全不负责任的想法。大家需要明确的是：酒后不开车是对自己的安全负责，更是对他人生命安全的一种保护，而不仅仅是为了不被交警处罚。驾驶人应时刻谨记：醉酒驾车会触犯刑法，就是犯罪。

（2）不劝开车的人饮酒，不让饮酒的人驾车。作为驾驶人，不仅自己要做到饮酒不开车，还要注意不要劝其他开车来的人饮酒。亲朋好友聚会，也一定不要让喝过酒的人再开车，这都是对亲人朋友的保护，也会让自己良好的安全习惯影响到更多的人。

练习题

1. 彭某驾驶一辆重型半挂牵引车，载运 37.7 吨货物（核载 25 吨），行至大广高速公路一下坡路段，追尾碰撞一辆由李某驾驶在应急车道内行驶的重型自卸货车（货箱内装载3.17立方黄土并搭乘24人），造成16人死亡、13人受伤。此事故中的主要违法行为是什么？

A. 彭某超速行驶

B. 彭某驾驶机动车超载

C. 李某在应急车道内行驶

D. 李某货车车厢内违法载人

答案：BCD

试题分析：彭某的车核载25吨，载运37.7吨，存在超载的情况；货箱内装载3.17立方黄土并搭乘24人，故李某货车车厢内违法载人；在应急车道内行驶的重型自卸货车，故李某存在在应急车道内行驶的违法行为。

2. 某日19时，杨某驾驶大客车，乘载57人（核载55人），连续行驶至次日凌晨1时，在金城江区境内050国道3008公里加110米处，因机动车左前胎爆裂，造成12人死亡、22人受伤的特大交通事故。杨某的主要违法行为是什么？

A. 操作不当　　B. 超速行驶

C. 客车超员　　D. 疲劳驾驶

答案：CD

试题分析：题目提到连续行驶到次日凌晨1时，属疲劳驾驶；题目提到只能做55以上，却坐了57人，属客车超员。

3. 戚某驾驶大客车，乘载28人（核载55人），由南向北行至一无交通信号控制的交叉路口，以50公里的时速与由东向西行至该路口李某驾驶的重型半挂牵引车（核载40吨，实载55.2吨）侧面相撞，造成12人死亡、17人受伤。此事故中的主要违法行为是什么？

A. 客车超员

B. 客车超速行驶

C. 货车超载

D. 货车驾驶人经验不足

答案：BC

试题分析：行至一无交通信号控制的交叉路口，以50公里的时速，超速啦；核载40吨，实载55.2吨，说明货车超载。

科目三 理论考试模拟训练

一、判断题

1. 右侧标志警告前方路段要注意儿童。（√）

2. 前方标志指示路右侧是高速公路临时停车处。（×）

3. 安装防抱死制动装置（ABS）的机动车制动时，制动距离会大大缩短。（×）

4. 驾驶机动车在前方路口掉头前先进入左转直行车道。（×）

5. 如图所示，驾驶机动车遇到这种情况时，应该考虑到路边儿童可能会应为打闹而突然冲入路内。（√）

6. 夜间行车时，全车灯光突然熄灭，应当立即迅速制动，靠边停车。（×）

7. 右侧标志提醒注意前方是驼峰桥。（×）

8. 前方标志表示除大客车以外的其他车辆不准进入右侧车道行驶。（×）

9. 路口两侧导流线表示直行或右转弯不得压线或越线行驶。（√）

10. 如图所示，驾驶机动车遇到这种情形时，应减速在其后保持安全距离通过路口。（√）

11. 机动车在泥泞路段后轮发生侧滑时，要将转向盘向侧滑的相反方向缓转修正。（×）

12. 驾驶机动车从加速车道汇入行车道有困难时可停车让行。（×）

13. 驾驶机动车通过短而陡的上坡坡道时，采用加速冲坡的方法，在接近坡顶时应提前松开加速踏板，利用惯性冲过坡顶。（√）

14. 机动车落水后，只有在水快浸满车厢时，才有可能开启车门或摇下车窗玻璃逃生。（√）

15. 救火时不要脱去所穿的化纤服装，以免伤害暴露的皮肤。（×）

16. 伤员骨折处出血时，先固定好肢体再进行止血和包扎。（×）

17. 烧伤伤员口渴时，只能喝白开水。（×）

18. 路中心黄色虚实线指示允许暂时越过超车。（√）

19. 路口内中心圈标示左小转弯要沿内侧行驶。（√）

20. 驾驶机动车遇到这种情况要靠右侧停车等待。（√）

二、单选题

1. 在冰雪路面制动时，发现车辆偏离方向，以下做法正确的是？（B）

A. 连续轻踩轻放刹车　B. 停止踩刹车

C. 用力踩刹车　D. 以上做法都不对

2. 驾驶机动车在有这种标志的路口怎样通过最安全？（B）

A. 减速观察左后方情况

B. 减速缓慢进入路口

C. 停车观察路口情况

D. 加速尽快进入路口

3. 机动车在狭窄的坡路会车时，正确的会车方法是什么？（A）

A. 下坡车让上坡车

B. 上坡车让下坡车

C. 坡顶交会时距离坡顶远的一方让行

D. 下坡车已行至中途而上坡车未上坡时，让上坡车

4. 驾驶机动车进入这个路口怎样使用灯光？（B）

A. 开启危险报警闪光灯

B. 不用开启转向灯

C. 开启左转向灯

D. 开启右转向灯

5. 如图所示，在这种无信号灯控制情况下，A、B、C 车的通行权顺序是什么？（D）

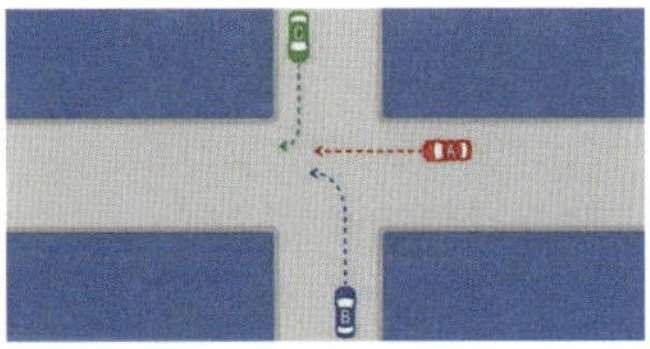

A. C 车、A 车、B 车

B. A 车、C 车、B 车

C. B 车、A 车、C 车

D. A 车、B 车、C 车

6. 驾驶机动车遇到这种特殊情况怎样行驶？（D）

A. 加速靠左侧让行　B. 靠右侧减速让行

C. 保持原行驶路线　D. 靠左侧减速让行

7. 驾驶汽车频繁变更车道的危害以下选项错误的是？（B）

A. 扰乱交通秩序　B. 易导致爆胎

C. 易引发交通事故　D. 影响正常通行

8. 夜间驾驶机动车在道路上会车，为避免对方驾驶人炫目，应距离对向来车多远改用近光灯？（D）

A.150 米以内　B.50 米以内

C.100 米以内　D.150 米以外

9. 怎样抢救脊柱骨折的伤员？（C）

A. 采取保暖措施　　B. 用软板担架运送

C. 用三角巾固定　　D. 扶持伤者移动

10. 驾驶机动车遇到沙尘、冰雹、雾、雨、雪等低能见度条件时，应该怎样做？（A）

A. 开启前照灯、示廓灯和后位灯

B. 高频率鸣喇叭使其他交通参与者知道自己的位置

C. 同向跟车较近时，应使用远光灯

D. 适当提高车速，尽快到达目的地，结束行车

11. 行车中与其他机动车发生正面碰撞已不可避免时怎样处置？（C）

A. 变正面碰撞为侧面碰撞

B. 向右急转转向盘躲避

C. 迅速采取紧急制动

D. 向左急转转向盘躲避

12. 在这种公交车站怎样预防公交车突然起步？（C）

A. 在公交车后停车　　B. 迅速超越公交车

C. 减速，缓慢超越　　D. 连续鸣喇叭提醒

13. 当机动车在湿滑路面上行驶时，路面附着力随着车速的增加如何变化？（C）

A. 急剧增大　　B. 逐渐增大

C. 急剧减小　　D. 没有变化

14. 最容易发生侧滑的路面是。（B）

A. 干燥水泥路面　　B. 下雨开始时的路面

C. 潮湿水泥路面　　D. 大雨中的路面

15. 液化石油气罐车在运输途中发生大量泄漏时，下列措施错误的是什么？（D）

A. 切断一切电源

B. 戴好防护面具和手套

C. 关闭阀门制止渗漏

D. 组织人员向下风方向疏散

16. 在这种条件的道路上怎样行驶才安全？（C）

A. 靠路左侧转大弯　　B. 靠弯路中心转弯

C. 靠路右侧转小弯　　D. 借对向车道转弯

17. 驾驶机动车在山区道路行驶时，以下说法正确的是什么？（A）

A. 上坡路段的安全距离应比平坦路段的大

B. 下坡路段的安全距离应比平坦路段的小

C. 急弯路段应当紧随前车

D. 急弯路段可以超车

18. 在这种环境中安全起步怎样使用灯光？（C）

A. 开启远光灯

B. 只能开启左转向灯

C. 开启左转向灯、近光灯

D. 开启危险报警闪光灯

19. 在普通道路驾车遇暴雨，刮水器无法改善驾驶人视线，此时要采取的措施是：（C）

A. 减速行驶

B. 集中注意力谨慎驾驶

C. 立即减速靠边停驶

D. 以正常速度行驶

20. 下坡路制动突然失效后，不可采用的办法是什么？（A）

A. 拉紧驻车制动器操纵杆或越二级挡位减挡

B. 将机动车向上坡道方向行驶

C. 利用道路边专设的避险车道停车

D. 用车身靠向路旁的岩石或树林碰擦

三、多选题

1. 车辆发生碰撞时，关于安全带作用的说法错误的是什么？（ACD）

A. 保持正确驾驶姿势

B. 减轻驾乘人员受伤程度

C. 保护颈部不受伤害

D. 减轻驾驶人疲劳

2. 驾驶机动车突然发生侧翻时，以下做法正确的是什么？（BCD）

A. 迅速跳车逃生

B. 双手紧握转向盘

C. 双脚勾住踏板

D. 背部紧靠椅背

3. 夜间会车时，对面来车不关闭远光灯怎么办？（ACD）

A. 及时减速让行，必要时靠边停车

B. 开启远光灯，迫使来车变换灯光

C. 视线向右平移，防止炫目

D. 交替变换远近光灯，提醒来车

4. 彭某驾驶一辆重型半挂牵引车，载运37.7吨货物（核载25吨），行至大广高速公路一下坡路段，追尾碰撞一辆由李某驾驶在应急车道内行驶的重型自卸货车（货箱内装载3.17立方黄土并搭乘24人），造成16人死亡、13人受伤。此事故中的主要违法行为是什么？（BCD）

A. 彭某超速行驶

B. 彭某驾驶机动车超载

C. 李某在应急车道内行驶

D. 李某货车车厢内违法载人

5. 驾驶机动车起步前，驾驶人对乘车人需要提出什么要求？（ACD）

A. 系好安全带

B. 调整好后视镜

C. 不要把身体伸出车外

D. 不要向车外抛洒物品

6. 这个小型客车驾车人有哪些违法行为？（ABCD）

A. 接打手持电话

B. 无证驾驶

C. 酒后驾驶

D. 未系安全带

7. 驾驶人在下车前应注意什么？（ACD）

A. 车门开的幅度不要过大

B. 开门下车动作要迅速

C. 仔细观察左后方情况

D. 开车门的动作要缓慢

8. 某日19时，杨某驾驶大客车，乘载57人（核载55人），连续行驶至次日凌晨1时，在金城江区境内050国道3008公里加110米处，因机动车左前胎爆裂，造成12人死亡、22人受伤的特大交通事故。杨某的主要违法行为是什么？（CD）

A. 操作不当　　B. 超速行驶

C. 客车超员　　D. 疲劳驾驶

9. 机动车避免爆胎的正确做法是什么？（BCD）

A. 降低轮胎气压

B. 定期检查轮胎

C. 及时清理轮胎沟槽内的异物

D. 更换有裂纹或损伤的轮胎

10. 戚某驾驶大客车，乘载28人（核载55人），由南向北行至一无交通信号控制的交叉路口，以50公里的时速与由东向西行至该路口李某驾驶的重型半挂牵引车（核载40吨，实载55.2吨）侧面相撞，造成12人死亡、17人受伤。此事故中的主要违法行为是什么？（BC）

A. 客车超员

B. 客车超速行驶

C. 货车超载

D. 货车驾驶人经验不足

附录
各科目考试评判标准（小型汽车）

一、科目一

考试满分为100分，成绩达到90分的为合格。

二、科目二

1. 一般规定

考试满分为100分，考试小型汽车、小型自动挡汽车、低速载货汽车的，成绩达到80分的为合格。

2. 通用评判

评判情形	评判内容
不合格情形	不按规定使用安全带或者戴安全头盔的
	遮挡、关闭车内音视频监控设备的
	不按考试员指令驾驶的
	不能正确使用灯光、雨刮器等车辆常用操纵件的
	启动发动机时挡位未置于空挡（驻车挡）的
	起步时车辆后溜距离大于30厘米的
	不松驻车制动器起步，未及时纠正的
	驾驶汽车双手同时离开转向盘的
	使用挡位与车速长时间不匹配，造成车辆发动机转速过高或过低的
	车辆在行驶中低头看挡或连续2次挂挡不进的
	行驶中空挡滑行的
	视线离开行驶方向超过2秒的
	违反交通安全法律、法规，影响交通安全的
	不按交通信号灯、标志、标线或者交通警察指挥信号行驶的
	不按规定速度行驶的
	车辆行驶中骑轧车道中心实线或者车道边缘实线的
	长时间骑轧车道分界线行驶的
	对可能出现危险的情形未采取减速、鸣喇叭等安全措施的
	因观察、判断或者操作不当出现危险情况的
	行驶中不能保持安全距离和安全车速的
	行驶中身体任何部位伸出车外的
	制动、加速踏板使用错误的
	摩托车制动时不同时使用前、后制动器的
	考生未按照预约考试时间参加考试的

续上表

评判情形	评判内容
扣10分情形	启动发动机后，不及时松开启动开关的
	不松驻车制动器起步，但能及时纠正的
	驾驶姿势不正确的
	起步时车辆后溜距离小于30厘米的
	操纵转向盘手法不合理的
	起步或行驶中挂错挡，不能及时纠正的
	转弯时，转、回方向过早、过晚，或者转向角度过大、过小的
	换挡时发生齿轮撞击的
	遇情况时不会合理使用离合器半联动控制车速的
	因操作不当造成发动机熄火一次的
	制动不平顺的

3. 专项评判

评判情形	评判内容	评判标准
倒车入库	不按规定路线、顺序行驶	不合格
	车身出线	不合格
	倒库不入	不合格
	在倒车前，未将两个前轮触地点均驶过控制线	不合格
	项目完成时间超过规定时间	不合格
	中途停车	每次扣5分
坡道定点停车和起步	车辆停止后，汽车前保险杠或者摩托车前轴未定于桩杆线上，且前后超出50厘米	不合格
	车辆停止后，车身距离路边缘线超出50厘米	不合格
	起步超过规定时间	不合格
	车辆停止后，汽车前保险杠未定于桩杆线上，且前后不超出50厘米	扣10分
	车辆停止后，车身距离路边缘线超出30厘米，未超出50厘米	扣10分
	停车后，未拉紧驻车制动器	扣10分
侧方停车	车辆入库停止后，车身出线	不合格
	项目完成时间超过规定时间	不合格
	行驶中车轮触轧车道边线	每次扣10分
	行驶中车身触碰库位边线	每次扣10分
	出库时不使用或错误使用转向灯	扣10分
	中途停车	每次扣5分

续上表

评判情形	评判内容	评判标准
曲线行驶	车轮轧道路边缘线	不合格
	中途停车	不合格
	行驶时挡位未挂在二挡以上	扣 5 分
直角转弯	车轮轧道路边缘线	不合格
	转弯时不使用或错误使用转向灯，转弯后不关闭转向灯	扣 10 分
	中途停车	每次扣 5 分

三、科目三

1. 一般规定

（1）道路驾驶技能考试满分为 100 分，成绩达到 90 分的为合格。

（2）安全文明驾驶常识考试满分为 100 分，成绩达到 90 分的为合格。

2. 道路驾驶技能

（1）通用评判。

评判情形	评判内容
不合格情形	不按规定使用安全带或者戴安全头盔的
	遮挡、关闭车内音视频监控设备的
	不按考试员指令驾驶的
	不能正确使用灯光、雨刮器等车辆常用操纵件的
	启动发动机时挡位未置于空挡（驻车挡）的
	绿灯亮起后，前方无其他车辆、行人等影响通行时，10 秒内未完成起步的
	起步时车辆后溜距离大于 30 厘米的
	驾驶汽车双手同时离开转向盘的
	单手控制转向盘时，不能有效、平稳控制行驶方向的
	车辆行驶方向控制不准确，方向晃动，车辆偏离正确行驶方向的
	不能根据交通情况合理选择行驶车道、速度的
	使用挡位与车速长时间不匹配，造成车辆发动机转速过高或过低的
	车辆在行驶中低头看挡或连续 2 次挂挡不进的
	行驶中空挡滑行的
	视线离开行驶方向超过 2 秒的
	违反交通安全法律、法规，影响交通安全的
	不按交通信号灯、标志、标线或者交通警察指挥信号行驶的

续上表

评判情形	评判内容
不合格情形	不按规定速度行驶的
	车辆行驶中骑轧车道中心实线或者车道边缘实线的
	长时间骑轧车道分界线行驶的
	起步、转向、变更车道、超车、靠边停车前不使用或错误使用转向灯的
	起步、转向、变更车道、超车、靠边停车前，开转向灯少于3秒即转向的
	争道抢行，妨碍其他车辆正常行驶的
	行驶中不能保持安全距离和安全车速的
	连续变更两条或两条以上车道的
	通过积水路面遇行人、非机动车时，有不减速等不文明驾驶行为的
	遇行人通过人行横道不停车让行，不主动避让优先通行的车辆、行人、非机动车的
	将车辆停在人行横道、网状线内等禁止停车区域的
	行驶中身体任何部位伸出窗外的
	制动、加速踏板使用错误的
	对可能出现危险的情形未采取减速、鸣喇叭等安全措施的
	因观察、判断或者操作不当出现危险情况的
扣10分情形	驾驶姿势不正确的
	起步时车辆后溜，但后溜距离小于30厘米的
	操纵转向盘手法不合理的
	起步或行驶中挂错挡，不能及时纠正的
	转弯时，转、回方向过早、过晚，或者转向角度过大、过小的
	换挡时发生齿轮撞击的
	遇情况时不会合理使用离合器半联动控制车速的
	因操作不当造成发动机熄火一次的
	不能根据交通情况合理使用喇叭的
	制动不平顺的
	遇后车发出超车信号，不按规定让行的

（2）专项评判。

评判情形	评判内容	评判标准
上车准备	未逆时针绕车一周检查车辆外观及周围环境	不合格
	打开车门前不观察后方交通情况的	不合格
起步	制动气压不足起步的	不合格
	车门未完全关闭起步的	不合格
	起步前，未观察内、外后视镜，回头观察后方交通情况	不合格

续上表

评判情形	评判内容	评判标准
起步	启动发动机时，挡位未置于空挡（驻车挡）	不合格
	不松驻车制动器起步，未及时纠正	不合格
	不松驻车制动器起步，但能及时纠正	扣 10 分
	发动机启动后，不及时松开启动开关	扣 10 分
	道路交通情况复杂时起步不能合理使用喇叭	扣 5 分
	起步时车辆发生闯动的	扣 5 分
	起步时，加速踏板控制不当，致使发动机转速过高	扣 5 分
	启动发动机前，不检查调整驾驶座椅、后视镜、检查仪表	扣 5 分
直线行驶	方向控制不稳，不能保持车辆直线运行	不合格
	遇前车制动时不及时采取减速措施	不合格
	不适时通过内、外后视镜观察后方交通情况	扣 10 分
	未及时发现路面障碍物或发现路面障碍物未及时采取减速措施	扣 10 分
加减挡位操作	未按指令平稳加、减挡	不合格
	车辆运行速度和挡位不匹配	扣 10 分
变更车道	变更车道前，未通过内、外后视镜观察，并向变更车道方向回头观察后方道路交通情况	不合格
	变更车道时，判断车辆安全距离不合理，妨碍其他车辆正常行驶	不合格
	变更车道时，控制行驶速度不合理，妨碍其他车辆正常行驶	不合格
靠边停车	停车前，不通过内、外后视镜观察后方和右侧交通情况，并回头观察确认安全	不合格
	考试员发出靠边停车指令后，未能在规定的距离内停车	不合格
	停车后，车身超过道路右侧边缘线或者人行道边缘	不合格
	需要下车的，在打开车门前不回头观察左后方交通情况	不合格
	下车后不关闭车门	不合格
	停车后，车身距离道路右侧边缘线或者人行道边缘超出 50 厘米	不合格
	停车后，车身距离道路右侧边缘线或者人行道边缘超出 30 厘米，未超出 50 厘米	扣 10 分
	停车后，未拉紧驻车制动器	扣 10 分
	拉紧驻车制动器前放松行车制动踏板	扣 10 分
	下车前不将发动机熄火	扣 5 分

续上表

评判情形	评判内容	评判标准
直行通过路口、路口左转弯、路口右转弯	不按规定减速或停车瞭望	不合格
	不观察左、右方交通情况，转弯通过路口时，未观察侧前方交通情况	不合格
	不主动避让优先通行的车辆、行人、非机动车	不合格
	遇有路口交通阻塞时进入路口，将车辆停在路口内等候	不合格
	左转通过路口时，未靠路口中心点左侧转弯	扣 10 分
通过人行横道线、学校区域、公共汽车站	不按规定减速慢行	不合格
	不观察左、右方交通情况	不合格
	未停车礼让行人	不合格
会车	在没有中心隔离设施或者中心线的道路上会车时，不减速靠右行驶，或未与其他车辆、行人、非机动车保持安全距离	不合格
	会车困难时不让行	不合格
	横向安全间距判断差，紧急转向避让对方来车	不合格
超车	超车前，不通过内、外后视镜观察后方和左侧交通情况并回头观察确认安全	不合格
	超车时机选择不合理，影响其他车辆正常行驶	不合格
	超车时，未回头观察被超越车辆动态	不合格
	超车时未与被超越车辆保持安全距离	不合格
	超车后，驶回原车道前，不通过内、外后视镜观察后方和右侧交通情况并回头观察确认安全	不合格
	在没有中心线或同方向只有一条行车道的道路上从右侧超车	不合格
	当后车发出超车信号时，具备让车条件不减速靠右让行	扣 10 分
掉头	不能正确观察交通情况选择掉头时机	不合格
	掉头地点选择不当	不合格
	掉头前未开启左转向灯	不合格
	掉头时，妨碍正常行驶的其他车辆和行人通行	扣 10 分
夜间行驶、模拟夜间灯光使用	不能正确开启灯光	不合格
	同方向近距离跟车行驶时，使用远光灯	不合格
	通过急弯、坡路、拱桥、人行横道或者没有交通信号灯控制的路口时，不交替使用远近光灯示意	不合格
	会车时不按规定使用近光灯	不合格

续上表

评判情形	评判内容	评判标准
夜间行驶、模拟夜间灯光使用	通过路口时使用远光灯	不合格
	超车时未交替使用远近光灯提醒被超越车辆	不合格
	在有路灯、照明良好的道路上行驶时，使用远光灯	不合格
	在路边临时停车不关闭前照灯或不开启示廓灯	不合格
	进入无照明、照明不良的道路行驶时不使用远光灯	扣5分

3. 安全文明驾驶常识

安全文明驾驶常识评判按（2）规定执行。

课堂笔记

课堂笔记

课堂笔记

数字资源使用说明

本书配套完善的数字资源，包含电子书、防御性驾驶精品课程、题库、模拟试卷，您可在微信中使用这些数字资源。

数字资源使用方法一

- 使用微信扫描图书封面红色数字资源码，按操作提示绑定图书，即可使用全部数字资源。无数字资源码的图书为盗版。

数字资源使用方法二

- 在完成方法一的绑定图书操作后，你也可以在阅读纸质图书时，使用绑定的微信，直接扫描图书内页二维码，系统会自动跳转至相应章节，供您在手机上继续阅读或拓展阅读。

道路交通信号包括交通信号灯、交通标志、交通标线和交通警察指挥手势。

一 交通信号灯

指示机动车通行的交通信号灯按功能分类，包括机动车信号灯、车道信号灯、方向指示信号灯、闪光警告信号灯、道口信号灯、掉头信号灯。

① 机动车信号灯

驾驶机动车在路口遇到绿色信号灯亮时，准许车辆通行，但转弯车辆不得妨碍被放行的直行车辆和行人通行。

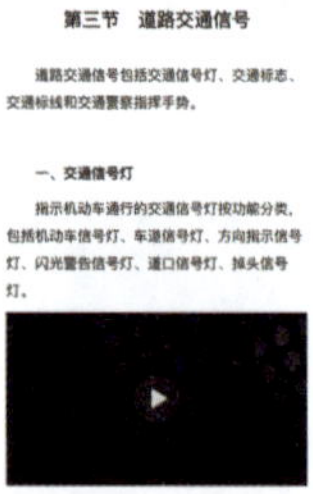
第三节 道路交通信号

道路交通信号包括交通信号灯、交通标志、交通标线和交通警察指挥手势。

一、交通信号灯

指示机动车通行的交通信号灯按功能分类，包括机动车信号灯、车道信号灯、方向指示信号灯、闪光警告信号灯、道口信号灯、掉头信号灯。

- 您可在手机微信或是电脑微信上使用此数字资源平台。
  如在使用过程中遇到技术问题，可使用微信扫描下方二维码联系客服，或致电010-67364344